BLOGUEUR EXPERT

BLOGUEUR

EXPERT

# BLOGUEUR EXPERT

 BLOGUEUR EXPERT

CONTENU

Qu'est-ce qu'un blogueur?

Marketing d'affiliation et blogs

Bloguer pour le plaisir

Bloguer pour le profit

Bloguer sur un réseau social

Logiciel de blogging

Bloguer pour promouvoir une cause

Bloguer avec Wordpress

Carrières de blogueur

Gérer les commentaires sur votre blog

Éléments de conception d'un blog

Trouver des blogs à lire

Trouvez votre niche de blog

Améliorer le classement des moteurs de recherche de votre blog

Blog pour tout le monde?

BLOGUEUR EXPERT

En savoir plus sur les blogs

Maintenir un blog réussi

Gérer plusieurs blogs

Surveillez le blog de votre enfant

Optimiser votre blog pour les moteurs de recherche

Passer une commande lors de vos achats en ligne

Produits pour faciliter les blogs

Promouvoir votre blog

Conseils pour garder votre blog à jour

Utilisation de blogueurs invités

Quand les autres n'approuvent pas votre blog

Qu'est-ce qu'un blogueur?

Un blogueur est une personne - ou un groupe de personnes - qui gère un site ou un réseau social sur Internet dans le but de divertir, d'informer ou de vendre.

C'est le Blogger qui maintient un contact direct avec le public et communique directement avec ses visiteurs.

Un blogueur peut se consacrer à la publication de contenu intéressant pour le public spécifique de son blog, en plus de promouvoir des produits ou des services.

Par conséquent, un blogueur est une personne qui peut (ou non) se consacrer au marketing numérique ou au marketing de contenu.

 BLOGUEUR EXPERT

Marketing d'affiliation et blogs

Le marketing d'affiliation est une façon dont les blogueurs utilisent leur blog pour générer des revenus. Le montant des revenus générés par un blog avec des liens de marketing d'affiliation peut varier considérablement en fonction de la quantité de trafic que le blog reçoit, ainsi que de la compensation offerte par le marketing d'affiliation. Le marketing d'affiliation implique essentiellement la création d'un lien de blog vers le site Web d'une autre entreprise. L'autre société indemnise ensuite le propriétaire du blog en vertu d'un contrat préalablement convenu. Cette compensation peut être accordée de plusieurs manières différentes. Le propriétaire du blog peut être rémunéré chaque fois que l'annonce est publiée, chaque fois qu'un visiteur de site Web unique clique

 BLOGUEUR EXPERT

sur l'annonce, ou chaque fois qu'un visiteur
de blog effectue une action souhaitée, comme
effectuer un achat ou s'inscrire au site Web.
Cet article abordera certains aspects du
marketing d'affiliation que les blogueurs
doivent comprendre, notamment la sélection
minutieuse des opportunités, la
maximisation du potentiel de gain pour ces
opportunités et la compréhension des
exigences associées à ces opportunités de
marketing d'affiliation.

Sélection des opportunités de marketing d'affiliation

Il existe une grande variété d'opportunités de
marketing d'affiliation. De nombreuses
sociétés et sites Web différents offrent des
opportunités de marketing d'affiliation. Dans
la plupart des cas, le propriétaire du blog doit
simplement soumettre l'adresse de son site
Web avec d'autres informations de base pour
approbation. Dans la plupart des cas,
l'entreprise n'est pas susceptible de refuser la

demande, sauf si le contenu du site Web est jugé répréhensible ou en conflit avec les objectifs de l'entreprise. Cependant, bien que l'obtention de l'autorisation d'afficher des liens d'affiliation sur votre site Web soit un processus assez simple, cela ne signifie pas que les propriétaires de blogs doivent sélectionner ces opportunités de marketing d'affiliation sans discrétion. C'est une bien meilleure idée de sélectionner soigneusement les opportunités de marketing d'affiliation avec des entreprises qui intéressent le public cible de votre blog.

Un blog bien ciblé qui atteint un public cible spécifique doit essayer de montrer des liens marketing qui dirigent le trafic du site Web vers des entreprises qui complètent le blog sans agir en concurrence directe avec le blog. Cela permet de garantir que les visiteurs du blog non seulement sont intéressés par les liens du marketing d'affiliation et sont donc plus susceptibles de cliquer sur les liens, mais également de s'assurer que les visiteurs du

blog ne le font pas. trouver des liens marketing d'affiliation ennuyeux.

Maximiser les opportunités de marketing d'affiliation

Une fois que les propriétaires de blogs ont sélectionné les opportunités de marketing d'affiliation, il est temps de réfléchir à la manière de maximiser les avantages générés par ces liens. Il y a quelques facteurs critiques que les propriétaires de blogs doivent soigneusement considérer pour aider à maximiser leurs profits de marketing d'affiliation. Cela comprend l'évaluation régulière de l'efficacité des liens d'affiliation et la promotion du blog pour maximiser le trafic.

Les propriétaires de blogs qui intègrent le marketing d'affiliation dans leur blog doivent évaluer périodiquement l'efficacité des liens d'affiliation. Cela peut être fait en comparant

# BLOGUEUR EXPERT

le pourcentage de visiteurs de blog qui cliquent sur les liens d'affiliation avec le trafic global du blog. Un blog qui a beaucoup de trafic mais un pourcentage relativement faible de visiteurs qui cliquent sur des liens d'affiliation devrait envisager d'apporter des modifications pour essayer d'attirer plus de visiteurs du blog à cliquer sur les liens. Ces changements peuvent impliquer l'esthétique, la taille ou le placement des annonces. Il est recommandé de n'effectuer qu'une seule modification à la fois car cela permet au propriétaire du blog d'évaluer plus facilement les modifications les plus avantageuses.

Les propriétaires de blogs peuvent également aider à maximiser les bénéfices de leurs opportunités de marketing d'affiliation en faisant de l'auto-promotion pour créer un site Web supplémentaire sur le blog. Cela sera probablement bénéfique car un trafic plus élevé sur le site Web se traduira généralement par des bénéfices de marketing d'affiliation plus élevés. En outre, le propriétaire du blog peut occasionnellement mentionner des sociétés avec lesquelles il est affilié pour susciter l'intérêt pour les annonces sur le site Web.

Comprendre les exigences du marketing d'affiliation

Enfin, les propriétaires de blogs doivent accorder une attention particulière aux accords de marketing d'affiliation qu'ils signent. Ceci est important car certaines entreprises peuvent imposer des restrictions sur l'utilisation d'un lien vers leur site Web. Cela peut inclure des restrictions telles que d'éviter le contenu répréhensible, à l'exclusion des liens ou des publicités pour les concurrents directs, ou des restrictions sur l'apparence des liens d'affiliation. Le non-respect de ces directives peut entraîner la perte des privilèges d'affiliation du blog et le dédommagement du propriétaire du blog.

Bloguer pour le plaisir

Bien que les blogs puissent être utilisés à diverses autres fins, comme générer des revenus, promouvoir une cause et fournir des informations, de nombreux blogueurs aiment les blogs simplement parce que c'est amusant. Ces blogueurs aiment bloguer pour des raisons telles que rester en contact avec des amis, s'exprimer ou suivre des événements importants. Cet article explique comment les blogs peuvent être utilisés à ces fins.

Bloguer pour rester en contact avec des amis

Rester en contact avec ses amis et sa famille n'est qu'une des nombreuses raisons pour lesquelles une personne peut vouloir créer un blog. Ceci est particulièrement utile pour ceux qui s'éloignent de leurs amis et de leur

14

famille. Rester en contact par téléphone, visites régulières et même par courrier électronique n'est pas toujours facile. En effet, il peut être difficile de maintenir des interactions à longue distance avec plusieurs personnes différentes à la fois. Cependant, en maintenant un blog, une personne peut grandement simplifier le processus de rester en contact avec ses amis et sa famille car elle n'a pas à répéter les informations dans des appels téléphoniques ou des e-mails individuels ni à prendre le temps de visiter plusieurs personnes différentes.

En maintenant un blog, l'individu peut choisir de publier une variété d'informations et de photos. Grâce à ces informations et photos, le propriétaire du blog peut tenir les autres informés de l'actualité de sa vie. Les amis et la famille peuvent consulter le blog à leur convenance pour rattraper leur retard sur les événements importants de la vie du propriétaire du blog et, dans la plupart des cas, ils peuvent poster des commentaires au

propriétaire du blog. Ils peuvent également lire les commentaires des autres. Cela est bénéfique si ceux qui consultent le blog se connaissent car non seulement ils peuvent rester en contact avec le propriétaire du blog, mais ils ont également la possibilité de communiquer avec d'autres amis et famille via la section des commentaires du blog.

Bloguer comme forme d'expression

Certains blogueurs commencent à bloguer comme une forme d'expression. Ils peuvent corriger la poésie, les chansons, les histoires ou même utiliser le blog pour évoquer des événements personnels ou de la politique. Ces blogueurs peuvent vouloir garder leur blog privé, ou ils peuvent le rendre accessible au public. Garder le blog privé, c'est comme tenir un journal ou un journal. Cela donne au blogueur une manière multimédia de s'exprimer sans risquer que les autres découvrent ses vrais sentiments, ses rêves les plus intimes ou ses frustrations. D'autres

blogueurs choisissent de rendre ces blogs publics. Cela peut être pour plusieurs raisons différentes. Partager ces sentiments avec les autres permet au blogueur de tendre la main à d'autres personnes susceptibles d'avoir le même intérêt que le blogueur.

Les blogueurs qui utilisent leur blog comme une forme d'expression personnelle peuvent vouloir être prudents et envisager la décision de rendre public un blog. Ceci est important car le propriétaire du blog ne voit initialement aucun problème pour permettre aux autres de voir leurs pensées personnelles. Cependant, au fil du temps, vous pouvez réaliser que votre blog peut être offensant pour les autres ou peut causer des problèmes si des amis ou de la famille le voient.

Bloguer pour suivre les événements

Une autre raison courante pour bloguer est de garder une trace des événements importants. Des exemples de certains types d'événements qu'un blogueur peut vouloir documenter incluent une grossesse, des mariages, des vacances, des événements sportifs ou la fin d'événements scolaires. L'utilisation de blogs pour suivre ces événements donne au blogueur la possibilité d'enregistrer des événements quotidiens dans un endroit simple où ils peuvent facilement regarder en arrière sur le blog ou partager des articles avec d'autres personnes qui pourraient être intéressées par les événements. Dans ces cas, le blog peut servir de forme d'album documentant les événements au fur et à mesure qu'ils se produisent. Le propriétaire du blog peut publier autant de fois qu'il le souhaite et peut choisir d'inclure des éléments tels que des photos, de la musique, des fichiers audio et vidéo sur le blog. Le blog peut également être conçu pour accueillir les événements documentés. Par exemple, un journal qui représente des vacances peut avoir des arrière-plans, des polices et des couleurs qui représentent le lieu de vacances, tandis qu'un

BLOGUEUR EXPERT

blog sur la grossesse peut comporter des éléments qui représentent la grossesse, les bébés et la parentalité.

Bloguer pour le profit

Les blogs deviennent un moyen de plus en plus populaire pour les entrepreneurs de gagner leur vie en ligne tout en faisant quelque chose qu'ils aiment vraiment. Dans de nombreux cas, les blogueurs peuvent réaliser des bénéfices avec très peu d'efforts. Au début, il peut y avoir beaucoup de travail à concevoir une méthode pour gagner des revenus et promouvoir le site Web, mais une fois que cela est établi, le simple maintien du blog avec des périodiques peut suffire à maintenir les revenus. Les méthodes de publicité sont deux des méthodes les plus populaires pour réaliser un profit grâce aux blogs. Cela inclut la publicité avec AdSense et la sécurisation des annonceurs indépendants. Cet article traitera de ces deux méthodes de publicité de blog.

BLOGUEUR EXPERT

Utilisation d'AdSense pour générer des revenus

L'utilisation d'AdSense est l'un des moyens les plus populaires pour les blogueurs de générer des revenus à partir de leur blog. Cette méthode est très populaire car elle est également très simple. AdSense est un programme proposé par Google où les blogueurs acceptent de publier des annonces sur votre site Web et sont rémunérés lorsque les utilisateurs cliquent sur ces annonces. Les blogueurs doivent simplement créer un blog et soumettre l'adresse du site Web du blog ainsi que d'autres informations pour demander à participer à AdSense. Une fois un blog approuvé, le propriétaire reçoit un code qu'il peut simplement copier et coller pour afficher des annonces sur son blog. Google publie ensuite les annonces appropriées à chaque accès au blog. Dans la mesure du possible, les articles de blog sont étroitement liés au contenu du blog, car Google explore le site Web à l'avance pour

déterminer quelles annonces sont pertinentes pour le contenu. Les propriétaires de blogs ont la possibilité d'imposer des restrictions sur les types d'annonces qui peuvent apparaître sur le blog. Par exemple, le propriétaire du blog peut spécifier que les annonces pour adultes n'apparaissent pas sur le blog et seront filtrées par Google.

Comment les revenus publicitaires sur un blog génèrent des revenus

De nombreux blogueurs utilisent des publicités sur leurs blogs pour générer des profits. Cette méthode de publicité est plus difficile que d'utiliser AdSense, mais elle peut être nettement plus avantageuse financièrement pour le blogueur. Cette méthode de publicité est similaire au type de publicité ciblée que l'on voit souvent dans les magazines. Par exemple, les magazines sur la parentalité présentent souvent des publicités qui plairont aux parents, comme des publicités pour des jouets, des vêtements

pour enfants ou des aliments populaires auprès des enfants. De même, un magazine de course à pied peut présenter des publicités pour des chaussures, des vêtements de sport, des vêtements de course ou d'entraînement. Dans ces cas, les annonceurs paient pour l'espace publicitaire du magazine dans l'espoir que l'audience du magazine sera attirée pour acheter des produits ou des services après avoir vu ces publicités.

Les propriétaires de blogs peuvent utiliser ce type de publicité, mais il peut être difficile de trouver des annonceurs désireux. Cependant, il existe quelques facteurs qui peuvent rendre un annonceur plus susceptible de voir une annonce apparaître sur un blog. L'un des facteurs les plus importants pour les annonceurs est la quantité de trafic que le blog reçoit. Ceci est important car les annonceurs qui paient pour l'espace publicitaire sont plus susceptibles d'investir dans un blog à fort trafic qu'un blog à faible trafic.

BLOGUEUR EXPERT

Un autre facteur important pour les annonceurs est l'approche du blog. Les annonceurs sont plus susceptibles d'acheter de l'espace publicitaire à partir d'un blog avec un intérêt particulier pour le public cible de l'annonceur. Comme les exemples ci-dessus pour les magazines parents et courtiers, les annonceurs souhaitent publier des annonces sur un blog qui atteint déjà le même public cible.

Les blogueurs qui utilisent de la publicité sur votre site Web peuvent être rémunérés de différentes manières. Certains annonceurs peuvent payer des frais fixes pour que l'annonce soit affichée sur le site Web pendant une période de temps spécifiée ou pour un nombre spécifié de pages vues. Cela signifie que l'annonceur peut acheter de l'espace pendant un certain nombre de jours, de semaines ou de mois, ou peut acheter de l'espace pendant un certain nombre de fois où l'annonce est exposée aux visiteurs du site Web.

BLOGUEUR EXPERT

Alternativement, l'annonceur peut choisir d'indemniser le blogueur en fonction du nombre de fois où des actions spécifiques se produisent. Cela peut inclure des utilisateurs qui cliquent sur l'annonce ou effectuent un achat après avoir cliqué sur l'annonce. Le type de compensation proposé devra être réglé à l'avance entre le blogueur et l'annonceur pour déterminer un mode de paiement équitable.

Bloguer sur un réseau social

Les blogs deviennent de plus en plus populaires et les médias sociaux deviennent également de plus en plus populaires. Les médias sociaux incluent des sites Web populaires comme MySpace.com où les utilisateurs peuvent créer des sites Web personnels et interagir avec d'autres utilisateurs. Ces sites Web peuvent inclure un large éventail de composants, notamment du texte, des images, du son, de la vidéo et des blogs. Ici, les utilisateurs du système peuvent exprimer leurs opinions, fournir des mises à jour sur leur vie, offrir des informations sur les événements actuels ou atteindre un certain nombre d'autres objectifs. Cependant, les blogueurs qui utilisent un réseau social pour maintenir leur blog doivent prendre en compte plusieurs facteurs différents. Cet

article discutera de certains de ces facteurs, notamment si les blogs sont accessibles au public ou maintenus privés, compte tenu de l'audience du blog et traitant de l'intimidation via le blog.

Créez des blogs privés ou publics

La plupart des réseaux sociaux permettent aux utilisateurs de rendre leur site Web privé ou public. Les sites Web privés ne sont disponibles que pour l'utilisateur et les autres utilisateurs qui approuvent spécifiquement la consultation de leur site Web, tandis que les sites Web publics sont disponibles pour tous les utilisateurs du système. Ces mêmes capacités s'appliquent également aux blogs qui sont gérés sur un réseau social. Pour cette raison, les blogueurs doivent déterminer s'ils souhaitent ou non que leurs articles de blog soient disponibles pour l'ensemble du réseau social ou seulement pour une fraction de ce réseau.

 BLOGUEUR EXPERT

Cette décision sera basée en grande partie sur une question de préférence personnelle. Les médias sociaux peuvent être assez étendus et certains blogueurs peuvent craindre que leur blog soit accessible à un public aussi large, tandis que d'autres blogueurs n'ont aucune appréhension quant à la taille de l'audience potentielle. Les blogueurs doivent examiner attentivement cette option avant de consulter un blog, mais ils ont toujours la possibilité de modifier ce paramètre une fois le blog créé s'ils changent d'avis sur le choix qu'ils ont fait à l'origine.

Compte tenu de l'audience du blog

Les blogueurs qui utilisent un réseau social pour gérer un blog doivent également examiner attentivement l'audience potentielle du blog. La plupart des médias sociaux incluent un large échantillon représentatif du grand public. Par conséquent, les blogueurs doivent tenir compte de ce public lorsqu'ils publient un blog et réfléchir à la manière

dont les membres du public interpréteront les articles du blog. Bien qu'il ne soit jamais possible d'éviter d'offenser tous les membres potentiels du public, certains blogueurs peuvent au moins envisager d'essayer de s'assurer que les articles de blog qu'ils publient conviennent à tous les membres du réseau social. Si cela n'est pas possible, le blogueur peut envisager de rendre le blog privé.

Faire face à l'intimidation à travers le blog

Un autre aspect que les blogueurs qui utilisent un réseau social pour publier leur blog doivent garder à l'esprit qu'il inclut le potentiel de harcèlement d'autres membres via le blog. Cela peut prendre la forme de commentaires offensants publiés en réponse à des articles de blog. Selon le degré de harcèlement, le blogueur peut choisir d'ignorer ces commentaires ou de prendre des mesures plus énergiques. Les blogueurs devraient revoir les politiques des réseaux sociaux et demander votre aide pour lutter contre l'intimidation des autres utilisateurs. Dans la plupart des cas, traiter le problème peut être aussi simple que d'empêcher l'utilisateur de commenter le blog, mais dans certains cas, il peut être nécessaire de contacter les administrateurs des médias sociaux pour essayer de faire expulser l'utilisateur. du système. Dans cette situation, les administrateurs examineront la situation et décideront si l'utilisateur a violé ou non les conditions d'utilisation.

Logiciel de blogging

Les blogs devenant de plus en plus populaires, il existe également un besoin croissant de logiciels pour simplifier le processus de blogs. Cependant, il existe de nombreux packages logiciels différents qui peuvent rendre la sélection d'un package écrasante. Cependant, la sélection d'un progiciel ne doit pas être difficile. Les blogueurs peuvent trouver des sites Web qui fournissent des tableaux comparatifs pour différents logiciels pour simplement le processus de prise de décision. Ces graphiques peuvent faire gagner beaucoup de temps et d'efforts au blogueur car ils collectent de nombreuses informations en un seul endroit pratique. Le blogueur peut encore avoir besoin d'informations supplémentaires avant d'utiliser ces tableaux de comparaison pour prendre une décision. L'article fournira des informations sur certaines de ces informations supplémentaires qui peuvent être utiles, telles que la façon de comprendre les tableaux de comparaison, les méthodes de comparaison des packages logiciels et des conseils pour sélectionner un package logiciel de blog.

Critères du logiciel de blogging

Les personnes intéressées par le démarrage ou la maintenance d'un blog doivent bien comprendre les critères du logiciel de blog avant de tenter de comparer des packages logiciels. Certains des critères qu'il est important de comprendre incluent les exigences minimales du serveur, du stockage des données et de l'éditeur de publication. La compréhension de ces critères est essentielle au processus de comparaison et de sélection des progiciels de blogs.

La configuration minimale requise pour le serveur fait référence à la configuration minimale requise pour le serveur sur lequel le logiciel sera installé. Dans la plupart des cas, la puissance et la vitesse du serveur ne sont pas pertinentes, mais dépendent de la puissance et de la vitesse du logiciel nécessaires au bon fonctionnement du logiciel de blog. Il peut y avoir des coûts supplémentaires associés à ce logiciel, ainsi que des exigences de licence supplémentaires.

Le stockage des données est également un élément important de l'évaluation des progiciels de blogs. Cela peut inclure des options telles qu'un fichier plat, un fichier de données ou une base de données. Un fichier plat fait référence aux options de stockage dans lesquelles la page entière est extraite chaque fois qu'un navigateur demande le blog. Un fichier de données fait référence à des situations dans lesquelles des données de blog sont insérées dans un modèle lorsqu'un

navigateur demande le blog. Une base de données fait référence aux options de stockage dans lesquelles les informations nécessaires sont extraites d'un fichier plat et insérées dans un modèle lorsque le navigateur demande le blog.

L'éditeur de publication est un autre critère qu'un blogueur peut vouloir rechercher soigneusement avant de sélectionner un logiciel de blogging. L'éditeur de publication fait référence au type d'éditeur qui sera utilisé pour compléter les publications répertoriées sur le blog. Ces méthodes de saisie de données peuvent inclure des options telles que HTML ou JAVA.

Comparaison des packages de logiciels de blogs

Les blogueurs à la recherche d'un logiciel de blogage doivent comparer soigneusement les différents logiciels disponibles. Ceci est

 BLOGUEUR EXPERT

important car, de toute évidence, certains progiciels sont supérieurs aux autres. Il est également important car certains packages logiciels peuvent être plus adaptés aux besoins d'un blog particulier que d'autres packages. Lors de la comparaison de packages logiciels de blogs, il est important que le blogueur examine d'abord attentivement les besoins du blog. Ceci est important car cela aidera le blogueur à comprendre quels critères sont les plus pertinents pour son blog particulier.

Sélection de progiciels de blogging

Après avoir soigneusement évalué les packages de logiciels de blogs, il est temps que le blogueur prenne une décision et sélectionne l' un des packages disponibles. Idéalement, le blogueur aura déjà comparé des données importantes comme l'espace de stockage, les exigences du serveur et les éditeurs de publication. Cependant, le blogueur doit également tenir compte d'autres facteurs tels que le coût et la polyvalence. De nombreux logiciels de blogs sont disponibles gratuitement, tandis que certains sont disponibles à l'achat. Le blogueur devra décider si un progiciel vaut la peine d'être acheté, ou si des progiciels gratuits répondront à ses besoins en matière de blogs.

Après avoir examiné les critères et le coût du logiciel, le blogueur devrait envisager de consulter des exemples de blogs créés avec un progiciel particulier. C'est une bonne idée car ces exemples peuvent fournir une bonne indication des capacités du logiciel. En effet, plus la qualité des échantillons est élevée, plus les capacités du logiciel sont grandes.

Bloguer pour promouvoir une cause

Alors que de nombreux blogueurs tiennent un blog pour des raisons personnelles ou sociales ou pour générer des revenus, d'autres blogueurs utilisent leur blog pour promouvoir une cause. Ces blogs peuvent être ciblés sur une cause politique ou sociale spécifique, en fonction des intérêts du blogueur, ainsi que de l'opinion du blogueur selon laquelle le blog peut produire les changements politiques ou sociaux qu'il recherche. Les blogs qui se sont engagés à promouvoir une cause particulière peuvent faire face à plus d'adversité que les blogs avec un thème plus léger, mais ils peuvent également être très efficaces. Cependant, les propriétaires de blog qui choisissent de maintenir ce type de blog devraient connaître les ramifications de ce type de blog. Par exemple, les propriétaires de blogs peuvent recevoir des commentaires négatifs de lecteurs de blogs qui ne sont pas d'accord avec la cause. Cet article offrira quelques conseils pour choisir une cause pour un blog et promouvoir votre blog auprès des visiteurs intéressés.

Choisir une cause pour un blog

Choisir une cause pour un blog peut varier en difficulté, de extrêmement facile à incroyablement difficile. La difficulté de prendre cette décision dépendra en grande partie des croyances personnelles du propriétaire du blog. Un propriétaire de blog qui est déjà engagé dans une cause particulière trouvera probablement cette décision assez simple, tandis que les propriétaires de blog qui n'ont pas de fortes convictions sociales ou politiques ou qui ont une grande variété de causes qu'ils souhaitent promouvoir peuvent trouver prendre cette décision est assez difficile.

38

# BLOGUEUR EXPERT

Cependant, il y a quelques facteurs que le propriétaire du blog doit considérer attentivement avant de sélectionner une cause à promouvoir sur un blog.

Tout d'abord, un propriétaire de blog doit sélectionner un sujet pour lequel il est déjà assez bien informé ou disposé à faire beaucoup de recherches. Ceci est important car le propriétaire du blog doit publier régulièrement des articles de blog. Ces articles de blog doivent être précis et informatifs pour le lecteur. Par conséquent, le propriétaire du blog doit être bien versé dans le sujet ou au moins intéressé à en savoir plus à ce sujet.

Les propriétaires de blogs doivent également examiner attentivement la possibilité d' influencer les visiteurs du blog sur le sujet du blog. Bien qu'il ne soit pas possible de convaincre tous les visiteurs du blog de croire en la cause promue par le blog, le propriétaire du blog doit sélectionner un

sujet avec lequel il est sûr que les visiteurs du blog seront influencés à accepter les points. de vue présenté par le blog.

Promotion du blog auprès des visiteurs intéressés

Une fois que le propriétaire du blog décide d'un sujet de blog, il est temps de découvrir comment promouvoir le blog auprès de votre public cible. Cela peut être accompli de plusieurs manières différentes. Par souci de concision, cet article abordera la promotion de blogs via l'optimisation des moteurs de recherche et la promotion de blogs via la participation à des forums pertinents.

L'optimisation des moteurs de recherche est un moyen très efficace de promouvoir un blog. Cette pratique implique de faire des efforts pour augmenter le classement des moteurs de recherche afin de s'assurer que les utilisateurs d'Internet intéressés sont dirigés vers le blog. Cela peut être fait de plusieurs manières différentes, y compris une utilisation prudente des mots clés appropriés, une utilisation appropriée des balises comme les balises de titre et les balises d'image, et la génération de backlinks vers le blog. Tous ces efforts peuvent aider à améliorer le classement des moteurs de recherche, ce qui devrait également améliorer le trafic des blogs.

Les propriétaires de blogs peuvent également promouvoir leur blog en participant à des forums et des babillards électroniques pertinents. Le propriétaire du blog peut simplement participer à ces forums et offrir des informations pertinentes tout en incluant un lien vers le blog dans sa signature. Les autres utilisateurs du forum sont susceptibles de cliquer sur le lien si le propriétaire du blog est respecté au sein du forum. Le propriétaire du blog peut même intégrer un lien vers son blog dans le corps du message des messages

# BLOGUEUR EXPERT

du forum si cela est approprié et acceptable selon les directives du babillard électronique.

Bloguer avec Wordpress

Wordpress est l'une des nombreuses options disponibles pour les blogueurs à la recherche de logiciels en ligne gratuits, ce qui rend incroyablement facile la publication de votre propre blog. Ce logiciel est facile à utiliser, fournit une variété de modèles et offre un excellent support aux blogueurs. Il existe de nombreuses options disponibles pour les blogueurs, et d'autres programmes de blogs peuvent être mieux connus et offrir des fonctionnalités légèrement différentes, mais de nombreux blogueurs sont assez satisfaits de Wordpress. Cet article offrira des informations utiles aux blogueurs qui envisagent de bloguer avec Wordpress, telles que les raisons de choisir Wordpress, des conseils pour démarrer un blog et des informations sur l'assistance offerte par Wordpress. Sur la base de ces informations, ainsi que de leurs propres chercheurs, les blogueurs peuvent décider si Wordpress leur convient ou s'ils doivent rechercher un autre réseau de blogs.

Raisons de choisir Wordpress

Il existe de nombreuses bonnes raisons de choisir Wordpress pour démarrer un blog. Certaines de ces raisons incluent une grande variété de modèles, la possibilité de catégoriser et d'étiqueter facilement les publications, des fonctionnalités comme le vérificateur d'orthographe, les aperçus et la sauvegarde automatique, la possibilité de publier du texte, des fichiers audio et vidéo, une variété d'options pour confidentialité et la possibilité de suivre les données statistiques liées au blog, ainsi que d'autres fonctionnalités intéressantes. Certaines de ces fonctionnalités peuvent être plus importantes pour certains blogueurs que pour d' autres, donc décider si Wordpress vous convient sera en grande partie une question de préférence personnelle. Par exemple, les

blogueurs ayant peu ou pas d'expérience en programmation peuvent profiter des nombreux modèles disponibles sur Wordpress tandis que les blogueurs qui sont préoccupés par les problèmes de confidentialité peuvent être plus intéressés par les options de confidentialité disponibles via Wordpress. Des recherches approfondies sur ces fonctionnalités aideront les blogueurs à déterminer s'ils doivent créer un blog avec Wordpress.

Démarrage d'un blog avec Wordpress

Les blogueurs qui choisissent de créer un blog avec Wordpress ne seront certainement pas déçus par le temps qu'il faut pour créer un blog. Un blogueur peut littéralement démarrer un blog avec Wordpress en quelques minutes. Ceci est extrêmement important pour les blogueurs désireux de démarrer et qui ne souhaitent pas faire face à un long processus de création d'un blog. Les seules conditions requises pour démarrer un

blog sont une adresse e-mail valide et un nom d'utilisateur. Le blogueur saisit ces informations sur la page d'inscription et reçoit un mot de passe presque instantanément. Ensuite, le blogueur n'a qu'à vérifier son courrier électronique, suivre le lien d'activation fourni et utiliser le mot de passe fourni et le processus est terminé. Le blogueur peut commencer à bloguer tout de suite.

Assistance offerte par Wordpress

Pour de nombreux blogueurs débutants, le type de support offert est très important. En effet, les nouveaux blogueurs peuvent avoir beaucoup de questions sur le processus de démarrage d'un blog de base et une fois qu'ils ont créé un blog de base, ils peuvent avoir des questions supplémentaires sur l'utilisation des fonctionnalités avancées et la personnalisation du blog. Wordpress offre une multitude de supports aux blogueurs de tous niveaux. Le support offert par

BLOGUEUR EXPERT

Wordpress inclut la possibilité de contacter le personnel de support, ainsi que la possibilité de recevoir le support d'autres membres via des forums en ligne. Bien que le personnel d'assistance soit incroyablement réactif, certains blogueurs apprécient la possibilité de communiquer avec d'autres blogueurs sur les forums. En effet, les forums sont actifs 24h / 24 et les blogueurs peuvent à tout moment trouver le support de leurs pairs.

 BLOGUEUR EXPERT

Carrières de blogueur

De nombreux écrivains indépendants commencent à découvrir que les blogs sont l'une des nouvelles opportunités de carrière qui s'offrent à eux. Les blogs sont essentiellement une série de publications sur un sujet particulier qui sont répertoriées dans l'ordre chronologique inverse. Ces blogs peuvent être sur une variété de sujets différents et peuvent être personnels, politiques, informatifs, humoristiques ou toute autre catégorie souhaitée par le blogueur. Cependant, la clé d'un blog réussi est un blog qui aborde un sujet qui plaît à un large public. De plus, le blog doit être mis à jour régulièrement et doit fournir un contenu utile aux lecteurs du blog. Cet article fournira des informations sur la façon de trouver des opportunités de carrière de blogueur, discutera des avantages de ce type de carrière et fournira des informations sur la façon dont les rédacteurs peuvent gérer avec succès un blog.

Trouver des opportunités de carrière sur les blogs

Bien que les opportunités de carrière dans les blogs deviennent de plus en plus populaires, de nombreux écrivains ne savent pas comment trouver ces merveilleuses opportunités. Ces opportunités de carrière peuvent être proposées en tant que postes d'écriture fantôme ou en tant que postes offrant un profil à l'écrivain, et trouver ces opportunités de blog est souvent très similaire à la recherche d'autres opportunités de carrière pour les écrivains. Les entreprises à la recherche d'un blogueur peuvent publier leur offre d'emploi de la même manière qu'elles publieraient d'autres offres d'emploi dans l'entreprise, telles que des postes de comptabilité ou d'administration. Par conséquent, les écrivains intéressés par un poste de blogueur devraient utiliser la

recherche d'emploi Trust pour trouver d'autres opportunités de carrière sur les mêmes sites Web.

Les blogueurs peuvent également visiter des sites Web de course et des babillards électroniques qui se concentrent exclusivement sur les carrières de blogueur. Le site Web ProBlogger.net n'est qu'un exemple d'un site Web dédié exclusivement à mettre les blogueurs en relation avec ceux qui souhaitent embaucher un écrivain pour un blog en particulier. Les blogueurs intéressés devraient également envisager de rejoindre des forums pour ceux qui bloguent pour gagner leur vie. Cela peut être bénéfique car ici, les blogueurs sont susceptibles de partager des informations sur les entreprises pour lesquelles ils travaillent, ainsi que toute information qu'ils ont sur les entreprises qui cherchent actuellement à embaucher des blogueurs.

 BLOGUEUR EXPERT

Les avantages d'une carrière de blogueur

Il existe de nombreux avantages à poursuivre une carrière dans les blogs. L'un des avantages les plus attrayants d'une carrière de blogueur est peut-être que le travail peut généralement être effectué en tant que poste de télétravail. En effet, tant que le blogueur a accès au logiciel nécessaire pour écrire et télécharger un blog, le blogueur n'a pas besoin d'effectuer le travail à partir d'un emplacement spécifique. Cela signifie que le blogueur peut résider presque partout dans le monde et peut probablement faire le travail nécessaire depuis son propre domicile. Cependant, tous les postes de blogueur ne sont pas des postes de télétravail. Certaines entreprises peuvent exiger des blogueurs qu'ils effectuent le travail sur le site par préférence personnelle.

Un autre avantage d'une carrière de blogueur est la possibilité de faire le travail à un rythme qui convient au blogueur. Le

blogueur peut être amené à télécharger un nouveau billet de blog selon un calendrier régulier, mais la rédaction d'un article peut être effectuée lorsque cela est pratique pour le blogueur. De nombreux progiciels de blogging permettent au blogueur de définir une heure spécifique pour le chargement d'un article spécifique. Cela permet au blogueur d'écrire plusieurs articles à la fois et de les faire publier selon un calendrier prédéterminé.

Trouver du temps pour le blog

Un des problèmes auxquels sont confrontés de nombreux blogueurs est de trouver le temps de bloguer. Cela est particulièrement difficile si le blogueur gère plusieurs blogs ou s'il tient un blog d'actualité dans lequel les articles doivent être opportuns pour être pertinents et intéressants pour les lecteurs. Écrire des articles de blog par lots et les planifier pour les publier selon les besoins est une façon de gérer plusieurs blogs.

BLOGUEUR EXPERT

Cependant, les rédacteurs de blogs liés à l'actualité doivent être particulièrement attentifs à bien planifier leur temps pour s'assurer qu'ils publient des articles de blog actuels. Une façon de le faire est de réserver du temps chaque jour pour lire les événements actuels pour l'inspiration, puis de prévoir du temps pour écrire et bloguer. Par exemple, un blogueur possédant un blog d'actualités peut choisir de passer en revue les actualités de la veille au matin pour s'assurer qu'il passe en revue toutes les actualités pertinentes de la veille avant d'écrire le billet de blog.

 BLOGUEUR EXPERT

Gérer les commentaires sur votre blog

La plupart des blogs permettent aux visiteurs du blog de publier des commentaires sur l'un des articles du blog. Ces commentaires peuvent appartenir à l'article de blog ou être totalement indépendants. Les commentaires peuvent également être de nature positive ou négative. Quel que soit le type de commentaire laissé par un visiteur, le blogueur peut choisir de gérer ces commentaires de plusieurs manières différentes. Le blogueur peut répondre à ces commentaires, empêcher des visiteurs individuels de laisser des commentaires à l'avenir, ou utiliser des fonctions administratives pour supprimer des commentaires ou configurer le blog pour exiger l'approbation des commentaires avant leur publication sur le blog. Cet article abordera chacune de ces options pour répondre plus en détail aux commentaires de blog.

Répondez aux commentaires sur votre blog

Les blogueurs qui reçoivent des commentaires sur leur blog peuvent vouloir répondre à ces commentaires. La plupart des programmes de blogs permettent au blogueur de publier des commentaires sur son propre blog, ce qui lui permet de répondre directement. Grâce à cette fonctionnalité, un blogueur peut gérer un certain nombre de situations différentes, notamment des commentaires négatifs, des commentaires positifs et des questions. Les blogueurs qui reçoivent des commentaires négatifs sur leur blog peuvent choisir de répondre directement à ces commentaires en réfutant les commentaires négatifs. Cela permet au blogueur de reconnaître les critiques et de défendre son message d'origine. Les blogueurs qui reçoivent des commentaires positifs peuvent également répondre à ces commentaires pour remercier les visiteurs des compliments. D'autres blogueurs peuvent encore recevoir des commentaires qui posent une question sur le blog ou sur le blogueur lui-même. Les blogueurs peuvent choisir de répondre à ces questions pour développer une meilleure relation avec les visiteurs du blog.

Bloquer les commentaires des visiteurs individuels

Une autre option pour traiter les commentaires de blog de nature négative consiste à bloquer les commentaires des visiteurs du blog. Dans la plupart des cas, les blogueurs auront la possibilité de bloquer avec un utilisateur particulier afin de ne pas laisser de commentaires sur le blog. Le blogueur peut souhaiter utiliser cette option dans les situations où les commentaires des visiteurs du blog sont extrêmement avares. Le blogueur peut également souhaiter

interdire aux visiteurs de blog de commenter s'ils ont déjà tenté d'expliquer leur point de vue au visiteur, mais le visiteur continue de publier des commentaires négatifs. Un blogueur peut également souhaiter interdire à un visiteur individuel de commenter s'il pense que les commentaires sont laissés comme spam.

Utiliser les fonctionnalités administratives

Encore une autre option pour gérer les commentaires sur un blog comprend l'utilisation de fonctions administratives pour supprimer les commentaires ou modifier les paramètres pour ne pas permettre l'affichage des commentaires jusqu'à ce que le blogueur les approuve. Les propriétaires de blogs ont souvent la possibilité de supprimer un commentaire laissé par un visiteur de blog. La suppression de ces commentaires est généralement un processus assez simple. Cependant, ce n'est pas une méthode complètement efficace car d'autres visiteurs

BLOGUEUR EXPERT

du blog peuvent avoir la possibilité de lire ces commentaires avant de les supprimer. Par conséquent, la suppression du commentaire peut empêcher certains visiteurs de le lire, mais cela ne garantit pas qu'aucun visiteur du blog ne le verra. Cependant, il existe un moyen pour les blogueurs de s'assurer que les visiteurs ne lisent pas les commentaires négatifs. La plupart des types de logiciels de blogging ont des options qui obligent le blogueur à approuver tous les commentaires avant qu'ils ne soient accessibles au public. Cela donne au blogueur la possibilité de supprimer un commentaire avant qu'il ne soit lu par l' un des visiteurs du blog. Le blogueur peut simplement supprimer tout commentaire qu'il ne souhaite pas que les autres lisent avant sa publication.

Éléments de conception d'un blog

Un blog peut être essentiellement un journal en ligne affiché dans l'ordre chronologique inverse, mais c'est aussi un site Web qui nécessite la même attention aux détails de tout autre site Web. Il nécessite également les mêmes éléments de conception qu'un site Web classique qui ne fonctionne pas non plus comme un blog. Les blogueurs doivent prendre des décisions concernant les éléments de conception du blog tels que les couleurs et la mise en page, les polices et le placement des annonces. Bien que de nombreux logiciels de blogs fournissent une variété de modèles qui rendent la conception d'un blog assez simple, les blogs peuvent également être hautement personnalisés par des blogueurs qui possèdent certaines compétences en programmation. Cet article

 BLOGUEUR EXPERT

abordera certaines des considérations de conception de base que rencontrent les blogueurs.

Couleurs et designs d'un blog

Les couleurs et la disposition d'un blog sont l'une des considérations de conception les plus évidentes que les blogueurs doivent garder à l'esprit lorsqu'ils lancent ou modifient leur blog. Les blogueurs peuvent utiliser un arrière-plan de couleur unie, des blocs de couleurs différentes en arrière-plan ou des images ou des textures en arrière-plan. Ces éléments d'arrière-plan peuvent être de n'importe quelle couleur imaginable. Cependant, les blogueurs qui envisagent d'utiliser des couleurs sur leur blog devraient envisager d'utiliser des couleurs esthétiquement attrayantes pour la plupart des visiteurs du blog. Ceci est important car l'utilisation de couleurs vives qui sont difficiles pour les yeux peut réduire le trafic du blog.

La conception du blog doit également être soigneusement étudiée par le blogueur. Le blog doit être organisé d'une manière qui soit attrayante pour les visiteurs du blog, adapté au thème du blog et présenté de manière logique et facile à suivre pour les visiteurs. Encore une fois, cela est important car si un design qui répond à ces critères n'est pas utilisé, les visiteurs du blog peuvent choisir de ne pas le visiter car le design est déroutant ou peu attrayant.

Polices utilisées dans un blog

Les blogueurs disposent d'un certain nombre d'options lors de la sélection des polices à utiliser sur leur blog. Ces options incluent la police choisie, la taille du texte et la couleur du texte . Les blogueurs devraient envisager de choisir une police qui fonctionne bien avec la disposition générale de la mise en page du blog et qui convient au thème du blog, mais qui est également une police courante. Ceci est important car les visiteurs du blog

peuvent avoir du mal à afficher la police si le blogueur sélectionne une police unique qui n'est pas courante. La taille et les couleurs du texte doivent également être soigneusement prises en compte. Ces éléments sont principalement importants pour la lisibilité. La taille du texte doit être définie de sorte que les membres du public cible puissent facilement lire le texte. Par exemple, un blogueur avec des personnes âgées comme public cible peut choisir d'utiliser une taille de texte légèrement plus grande que d'habitude. Les couleurs utilisées pour le texte doivent également être sélectionnées pour améliorer la lisibilité. Une façon de procéder consiste à sélectionner des couleurs attrayantes pour l'œil mais également contrastées avec la couleur d'arrière-plan.

Inclusion d'annonces dans un blog

Les blogueurs devraient également envisager d'inclure des annonces lors de la conception de leurs blogs. Cela inclut de déterminer si

BLOGUEUR EXPERT

les blogs sont inclus ou non. Une fois cette décision prise, les blogueurs qui choisissent d'inclure des annonces doivent soigneusement réfléchir à la manière et à l'endroit où ils souhaitent diffuser ces annonces. Les annonces peuvent être affichées à plusieurs endroits sur le blog et peuvent être conçues pour être discrètes ou évidentes, selon les préférences du blogueur. Les publicités peuvent également se présenter sous différentes tailles et formes et sont hautement personnalisables de différentes manières.

Trouver des blogs à lire

Il existe actuellement une grande variété de blogs. Les internautes ont la chance de pouvoir choisir parmi une multitude de blogs lorsqu'ils recherchent un blog à lire régulièrement. Il existe également souvent de nombreux blogs qui couvrent un sujet particulier. Les blogs peuvent être sur n'importe quel sujet imaginable. Certains blogs sont créés pour divertir, tandis que d'autres sont créés pour informer. Certains blogs sont créés pour générer des profits, tandis que d'autres sont créés pour aider les autres. Avec autant de blogs actuellement disponibles en ligne, il peut être difficile de déterminer quels blogs méritent d'être lus et lesquels ne le sont pas. Cela peut également rendre difficile la limitation du nombre de blogs lus par l'internaute. Cet article fournira des informations sur la façon de rechercher et de sélectionner des blogs à lire, notamment en utilisant des moteurs de recherche pour trouver des blogs, trouver des blogs en participant à des babillards électroniques et rechercher des recommandations de blogs d'amis ou de famille.

Utiliser les moteurs de recherche pour trouver des blogs

Les moteurs de recherche sont l'une des ressources les plus fiables sur lesquelles les internautes s'appuient souvent pour trouver des sites Web utiles. Cependant, il est important de noter que les moteurs de recherche peuvent également être extrêmement utiles pour les internautes qui souhaitent trouver des blogs à lire. Un internaute qui recherche un blog sur un sujet particulier peut commencer le processus de recherche de ces blogs en entrant des mots-clés ou des phrases pertinents dans un moteur de recherche populaire et en examinant attentivement les résultats fournis pour cette recherche. Cependant, ce type de recherche ne fournira pas nécessairement aux internautes des blogs. En fait, les résultats de recherche peuvent ne pas inclure de blog sur l'une des premières pages des résultats de recherche malgré le renvoi de pages et de pages de liens vers des sites Web utiles.

Un moyen simple pour l'internaute d'utiliser les moteurs de recherche pour trouver des blogs liés à un sujet particulier consiste à inclure le mot blog avec les mots clés ou expressions saisis dans le moteur de recherche. Cela aidera à filtrer les résultats de la recherche et à placer les blogs au premier plan des résultats de la recherche. Cependant, il est préférable pour les internautes de rechercher des collections de blogs, puis de rechercher dans ces collections celles qui les intéressent.

BLOGUEUR EXPERT

Trouver des blogs sur des babillards électroniques

De nombreux internautes s'appuient sur des babillards électroniques pour trouver des blogs intéressants et informatifs. En effet, de nombreux participants au forum de blog trouvent souvent des moyens de sensibiliser les autres à ce blog. Cela peut se faire par le biais de l'intégration d'un lien de blog dans la signature de l'utilisateur du forum, ou, le cas échéant, en fournissant le lien de blog directement dans le corps du message d'un message du forum. Bien que de nombreux blogueurs puissent saisir l'occasion de promouvoir votre propre blog via des babillards électroniques, ceux qui souhaitent trouver de nouveaux blogs n'auront probablement pas le temps de consulter tous ces blogs. Par conséquent, il est conseillé à ces internautes de discriminer un peu sur les blogs qu'ils choisissent de visiter. Une façon de le faire est de visiter uniquement les blogs d'affiches de forum réguliers qui offrent des

informations précieuses pour les conversations du forum. L'internaute peut également éviter les blogs qui semblent être publiés comme spam. Ceci est important car il est probable que ces blogs soient non seulement de mauvaise qualité, mais la visite de ces blogs encourage également le propriétaire du blog à continuer d'envoyer des messages de spam avec leur lien.

Recherche de recommandations pour les blogs

Enfin, les internautes à la recherche de blogs à lire régulièrement peuvent envisager de rechercher des recommandations d'amis ou de famille partageant un intérêt particulier. Amis ou membres de la famille intéressés par le même sujet, vous pouvez déjà lire régulièrement des blogs pertinents à cet intérêt. Cela vaut la peine de leur demander des recommandations car ils n'ont aucune raison de faire autre chose que de recommander des blogs qu'ils apprécient

BLOGUEUR EXPERT

vraiment et en supposant que vous serez également intéressé. De plus, cette méthode de recherche de blog est idéale car vos amis et votre famille sont susceptibles de bien connaître vos goûts et vos attentes et de vous guider dans la bonne direction.

Trouvez votre niche de blog

Trouver votre créneau de blogging devrait être l'un des aspects de blogging que le blogueur considère soigneusement avant de commencer un blog. Ceci est particulièrement important si le blogage est effectué afin d'obtenir une compensation financière. Idéalement, un propriétaire de blog devrait sélectionner un sujet de blog qui le passionne et le connaît. Cependant, les blogueurs doivent également considérer attentivement la concurrence directe ainsi que l'objectif du blog avant de commencer leur blog. Cet article abordera ces considérations plus en détail dans le but d'aider les blogueurs à choisir un sujet pour un nouveau blog. Ces informations s'appliquent à la fois aux blogueurs novices en matière de blogs et aux blogueurs

 BLOGUEUR EXPERT

expérimentés qui envisagent de créer un nouveau blog.

Isoler vos intérêts

L'une des premières considérations pour un nouveau blogueur est ses intérêts personnels. Ceci est important car un blogueur passionné et compétent sur un sujet particulier aura non seulement du mal à trouver des idées pour de nouveaux articles de blog, mais sera également très réussi. Ce succès est probablement dû au fait que les blogueurs peuvent ressentir leur passion pour le sujet et apprécient grandement les articles informatifs qui sont informatifs et précis.

Les intérêts du blogueur peuvent couvrir toute une gamme de sujets qui sont largement populaires auprès des sujets qui intéressent un petit sous-ensemble de la population. Cependant, il y aura probablement des lecteurs intéressés quel

 BLOGUEUR EXPERT

que soit le sujet du blog. Par conséquent, les blogueurs ne sont pas découragés de choisir de bloguer même sur les sujets les plus sombres. Cependant, les blogueurs qui recherchent un gain financier grâce à un trafic de blog important devraient envisager de sélectionner un sujet qui plaira à un public plus large.

Évaluer la concurrence

Une fois qu'un blogueur a sélectionné un ou plusieurs sujets qu'il envisage pour un blog, il est temps de commencer à évaluer le concours. Cela inclut la consultation d'autres blogs couvrant le même sujet. Cela donnera non seulement au blogueur une bonne indication de savoir si le marché est déjà saturé de blogs sur ce sujet et de la qualité des blogs existants sur ce sujet. Sur la base de ces informations, le blogueur peut décider en toute connaissance de cause s'il se sent ou non en mesure de rivaliser pour le trafic de blog avec les blogs existants.

 BLOGUEUR EXPERT

Compte tenu de l'objectif du blog

Une autre considération importante pour les blogueurs est le but des blogs. Les blogs peuvent être créés pour diverses raisons, notamment une compensation financière, un usage personnel ou pour promouvoir une cause. Les blogueurs qui démarrent un blog pour un usage personnel peuvent vouloir prendre en compte leurs propres intérêts lors du démarrage d'un blog, car ils ne recherchent probablement pas un trafic de blog élevé. Cependant, les blogueurs qui créent un blog afin de générer des profits ou de promouvoir une cause doivent tenir compte de facteurs tels que la capacité à générer du trafic de blog. Dans ces cas, le blogueur doit choisir un sujet qui plaît à un large public. En outre, Internet ne devrait pas être encombré de blogs sur ce sujet, car il sera probablement difficile pour le nouveau blog d'obtenir une part du trafic du blog. Enfin, les propriétaires de blogs doivent considérer la qualité du blog qu'ils sont capables de créer

BLOGUEUR EXPERT

sur un sujet particulier. Le blogueur doit choisir un sujet dans lequel il est sûr qu'il peut non seulement publier régulièrement des articles, mais également s'assurer que ces articles sont originaux, informatifs et intéressants.

Améliorer le classement des moteurs de recherche de votre blog

Les blogueurs qui souhaitent toucher un large public avec leur blog devraient envisager de porter une attention particulière à l'optimisation des moteurs de recherche de votre blog. Atteindre un large public peut être une priorité pour plusieurs raisons différentes. L'une des raisons évidentes pour essayer de générer plus de trafic vers un blog est de réaliser un profit. Les blogueurs qui dépendent d'un blog à fort trafic pour gagner de l'argent sont évidemment intéressés à augmenter le trafic. Cependant, les blogueurs qui créent leur blog pour promouvoir une cause peuvent également être intéressés à augmenter le trafic simplement pour permettre à votre message d' atteindre un public plus large. Quelle que soit la raison

pour laquelle vous souhaitez augmenter le trafic, l'un des meilleurs moyens d'y parvenir est d'optimiser le blog pour les moteurs de recherche. Cet article discutera de l'importance des classements des moteurs de recherche et proposera des conseils pour optimiser un blog.

Pourquoi les classements des moteurs de recherche sont importants

L'importance des classements élevés des moteurs de recherche est qu'ils peuvent contribuer à augmenter le trafic Internet vers le blog. En effet, les internautes qui utilisent des moteurs de recherche pour trouver des informations sur un sujet particulier sont beaucoup plus susceptibles de visiter des sites Web qui apparaissent sur la première page des résultats de recherche que de visiter des sites Web qui apparaissent sur les pages suivantes. à partir des résultats de recherche. Les sites Web sur la première page des résultats sont susceptibles d'obtenir le plus de trafic. Cependant, les utilisateurs d'Internet ne sont pas susceptibles de rechercher plus d'une ou deux pages de résultats de recherche lorsqu'ils recherchent plus d'informations sur un sujet particulier.

Les classements élevés des moteurs de recherche agissent essentiellement comme de la publicité gratuite pour un blog ou un site Web. En effet, de nombreux utilisateurs de sites Web s'appuient sur des moteurs de recherche populaires pour les aider à trouver des informations utiles sur Internet. Les moteurs de recherche appliquent des algorithmes complexes pour évaluer les sites Web et les classer en fonction de termes de recherche spécifiques. En conséquence, les internautes apprécient fortement les résultats de recherche produits et s'appuient sur ces résultats pour les conduire vers les meilleurs sites Web disponibles pertinents pour les mots clés qu'ils ont spécifiés dans la recherche.

BLOGUEUR EXPERT

Conseils pour optimiser un blog pour les moteurs de recherche

L'un des moyens les plus courants d'optimiser un blog ou un site Web pour les moteurs de recherche consiste à utiliser des mots clés pertinents. Plus précisément, la pratique consistant à appliquer des densités de mots clés spécifiques au contenu d'un blog est une tactique courante d'optimisation des moteurs de recherche utilisée. Les propriétaires de blogs et les autres personnes essayant d'optimiser leurs sites Web ne sont pas toujours d'accord sur la densité optimale des mots clés, mais beaucoup pensent qu'un pourcentage d'environ 2% à 3% est approprié.

Une autre méthode pour optimiser l'optimisation des moteurs de recherche consiste à mettre des mots clés pertinents dans le code du site Web. Cela inclut les balises de titre et les balises META. Ceci est important car les moteurs de recherche considèrent souvent l'importance des mots clés lors de l'évaluation d'un site Web. Il s'agit de l'emplacement où les mots clés apparaissent pour la première fois. Placer des mots clés au début du contenu du site Web est utile, mais il est important de noter que les moteurs de recherche voient d'abord le code afin que les moteurs de recherche explorent d'abord les mots clés qui apparaissent avant le corps du blog.

Les propriétaires de blogs peuvent également vous aider à augmenter votre classement dans les moteurs de recherche en générant des backlinks vers votre blog. Cela peut être accompli de plusieurs manières différentes. Une façon de le faire est de trouver d'autres sites Web prêts à mettre un lien de blog sur votre site Web. Cela est avantageux car de nombreux moteurs de recherche prennent en compte le nombre de liens vers un site Web dans leur algorithme de classement, car ces liens sont considérés comme un site Web qui garantit la validité d'un autre site Web.

BLOGUEUR EXPERT

Certains propriétaires de sites Web peuvent être disposés à le faire en échange d'un lien vers leur site Web sur leur blog. Ceci est connu comme un lien réciproque, et certains moteurs de recherche peuvent ne pas valoriser ce lien autant qu'un lien non réciproque. Il existe également des programmes d'échange de liens, mais ces liens peuvent ne pas être bénéfiques car de nombreux moteurs de recherche tiennent compte du rang du site Web qui renvoie à votre blog. Par conséquent, si le site Web proposant un lien vers votre blog ne se classe pas bien, le backlink n'améliorera pas de manière significative le classement des moteurs de recherche.

Blog pour tout le monde?

Les blogs sont un phénomène relativement nouveau. Fondamentalement, cela implique la création d'un journal en ligne qui est affiché dans l'ordre chronologique inverse. Le blogueur qui gère le blog peut choisir de publier de nouveaux articles de blog aussi souvent qu'il le souhaite. Cela peut impliquer la publication de nouveaux messages plus d'une fois par jour, quotidiennement, hebdomadairement, mensuellement ou même à un intervalle moins fréquent. Les articles de blog sont généralement liés d'une manière ou d'une autre, mais peuvent faire référence à n'importe quel sujet souhaité par le blogueur. Les blogueurs peuvent tenir un blog pour plusieurs raisons différentes et ces blogs peuvent être de nature privée ou publique. Cet article décrira la différence entre un blog public et privé et expliquera également les blogs de manière

81

 BLOGUEUR EXPERT

professionnelle et les blogs pour des raisons personnelles.

Blogs privés contre blogs publics

Les blogs peuvent également être privés ou publics. Les blogs privés sont ceux où seuls le blogueur et les autres personnes approuvées par le blogueur peuvent consulter les articles du blog. Les blogs publics sont accessibles à tout internaute. Un blogueur peut choisir de créer un blog privé ou public, selon qu'il est à l'aise ou non avec les autres qui lisent le blog. Par exemple, un blogueur qui crée un blog dans le but de laisser aller les frustrations de la vie peut choisir de garder un blog privé afin que ses amis ou sa famille ne puissent pas lire ces évents. En revanche, un blogueur qui blogue dans un but tel que la promotion d'une cause choisira probablement de rendre public le blog afin que son message atteigne le plus d'internautes possible. Cependant, les blogueurs qui créent un blog pour s'exprimer à travers leur écriture, leur poésie ou toute autre forme d'expression peuvent choisir de rendre le blog privé ou public, selon qu'ils souhaitent mettre ces sentiments personnels à la disposition des autres. Certains blogueurs dans cette situation rendront le blog public parce qu'ils veulent toucher d'autres personnes qui peuvent partager leurs sentiments ou bénéficier de la lecture de leurs blogs. Il peut y avoir d'autres blogueurs dans cette situation qui rendront le blog privé parce qu'ils ne veulent pas que d'autres voient ces formes d'expression personnelles.

Bloguer professionnellement

Les blogs peuvent en fait être une source de revenus pour certains blogueurs. Il existe plusieurs entreprises qui maintiennent un réseau de blogueurs et de blogueurs païens pour maintenir un blog sur le réseau. Ces blogueurs peuvent être rémunérés pour la publication, en fonction du nombre de visites de la page hébergeant le blog ou d'une combinaison du nombre de publications et du nombre de visites de la page. Une carrière de blogueur demande beaucoup de dévouement. Le blogueur doit être disposé et capable de mettre à jour le blog régulièrement et de garder le blog intéressant pour les lecteurs.

Bloguer pour des raisons personnelles

Les blogs peuvent également être effectués pour des raisons personnelles. Certains blogueurs utilisent leur blog pour rester en contact avec leur famille et leurs amis, tandis que d'autres l'utilisent pour exprimer ou partager des informations avec d'autres. Les blogs créés pour des raisons personnelles peuvent être très amusants, mais le blogueur doit éviter de rendre le processus de maintenance du blog stressant. Un blog géré pour des raisons personnelles devrait être une expérience agréable pour le blogueur.

En savoir plus sur les blogs

Il existe plusieurs raisons différentes pour qu'un blogueur démarre et gère un blog. Certaines de ces raisons incluent la génération de revenus, la promotion d'une cause, la fourniture d'informations utiles et le maintien en contact avec la famille et les amis. Bien que ces raisons de créer un blog puissent être très différentes, tous les blogueurs devraient consacrer un peu de temps à l'apprentissage du blog avant de se lancer dans une expérience de blog. Cela contribuera à garantir que le blog atteint son objectif et à empêcher le blogueur de faire des erreurs qui peuvent être préjudiciables à un blog. Cet article abordera les méthodes d'apprentissage du blogging, notamment l'étude des blogs à succès et l'utilisation d'Internet pour rechercher le sujet du

blogging. Cet article expliquera également brièvement l'importance de la promotion d'un blog.

Étudiez les blogs réussis

L'un des moyens les plus simples pour les futurs blogueurs et les nouveaux blogueurs de se renseigner sur les blogs est d'étudier les blogs à succès. Ceux qui ont récemment créé un blog ou envisagent de créer un blog peuvent apprendre beaucoup simplement en lisant et en étudiant des blogs réussis. Les blogueurs peuvent choisir d'étudier les blogs qui se concentrent sur un sujet similaire, mais ce n'est pas nécessaire. Les blogueurs peuvent en apprendre beaucoup sur la façon de maintenir un blog réussi en étudiant les blogs liés à n'importe quel sujet. En effet, des facteurs tels que le style d'écriture, la disposition du blog, la police et les couleurs peuvent tous contribuer au succès du blog.

 BLOGUEUR EXPERT

Lorsqu'il étudie d'autres blogs, le blogueur doit porter une attention particulière aux aspects du blog qui attirent son attention. Ceci est important car ces aspects peuvent également attirer d'autres visiteurs du blog et contribuer au succès du blog. Modéliser un blog en tenant compte de ces aspects peut grandement contribuer au succès d'un blog.

Utilisation d'Internet pour rechercher des conseils de blogs

Internet peut être une excellente ressource pour s'initier aux blogs. Il existe une variété d'objets différents liés à ce thème. Ces articles peuvent contenir des conseils pour démarrer, gérer et optimiser un blog. Ils peuvent également contenir des conseils pour générer du trafic vers un blog et garder les visiteurs intéressés par le blog. Les blogueurs sont encouragés à étudier attentivement les informations disponibles en ligne et à toujours considérer la source des informations. La prise en compte de la source

des informations est importante car elle peut aider à garantir la fiabilité des informations obtenues sur Internet. Cependant, cela peut être difficile car il n'est pas toujours possible de déterminer la source des informations disponibles sur Internet.

Une autre option pour vérifier la validité des informations disponibles en ligne consiste à utiliser d'autres sources pour confirmer les informations. Cela signifie qu'un blogueur peut trouver un article qui fournit divers conseils pour gérer un blog réussi, mais recherche toujours en ligne des informations qui corroborent les informations disponibles dans l'article d'origine. Cela peut sembler redondant, mais cela peut aider à empêcher le blogueur d'accepter de fausses informations comme correctes.

 BLOGUEUR EXPERT

L'importance de promouvoir un blog

Enfin, les blogueurs doivent comprendre l'importance de promouvoir un blog et rechercher des méthodes pour promouvoir leur propre blog. La promotion d'un blog est très importante car c'est grâce à ce type de promotion qu'un blog gagne du trafic. Gagner du trafic est un must pour le succès d'un blog dans la plupart des cas. Les quelques exceptions incluent les blogs qui sont gérés uniquement pour l'usage personnel des blogueurs, ainsi que les blogs qui sont maintenus dans le but de tenir les amis et la famille informés des événements de la vie des blogueurs. Tous les autres blogs peuvent bénéficier d'un trafic de blog accru.

Les blogueurs peuvent apprendre comment promouvoir un blog avec succès en considérant comment ils ont découvert les blogs qu'ils lisent fréquemment. Ceci est important car les internautes qui lisent des blogs ont probablement des méthodes

89

similaires pour trouver ces blogs. Par exemple, un lecteur de blog qui a découvert un blog intéressant en participant à un babillard électronique pertinent envisagera probablement de rester actif sur des babillards électroniques pertinents pour son propre blog comme méthode de promotion de son blog.

 BLOGUEUR EXPERT

Maintenir un blog réussi

La création d'un blog est relativement simple. Cependant, maintenir un blog réussi est un processus beaucoup plus difficile. En effet, il existe de nombreux facteurs différents qui peuvent contribuer au succès d'un blog. Certains de ces facteurs incluent le thème du blog, la popularité du blog et même la conception esthétique du blog. En outre, la capacité de promouvoir correctement le blog et toucher un large public d'utilisateurs d'Internet intéressés aura également un impact profond sur le succès d'un blog. Bien qu'il n'y ait pas de formule simple pour créer et maintenir un blog réussi, il existe quelques conseils de base qui peuvent aider à garantir qu'un blogueur connaîtra le succès avec son blog. Cet article décrira certains de ces conseils de base, tels que publier régulièrement de nouveaux messages, écrire pour un public spécifique et évaluer

91

 BLOGUEUR EXPERT

correctement les modifications apportées au blog.

Publiez régulièrement de nouveaux articles de blog

L'importance de publier régulièrement de nouveaux articles de blog ne peut pas être sous-estimée. Ceci est très important parce que les périodiques offrent aux visiteurs du blog dédié une incitation à revenir régulièrement sur le blog. Les lecteurs peuvent initialement visiter un blog par hasard, mais ils acceptent de revenir régulièrement sur le blog en fonction du contenu qui est fourni régulièrement. Si le blogueur permet au blog de stagner, les lecteurs n'ont aucune motivation pour continuer à revenir sur le blog. Cependant, s'il y a régulièrement de nouveaux messages, les visiteurs sont susceptibles de revenir souvent sur le blog en prévision de nouveaux messages.

BLOGUEUR EXPERT

La longueur et la profondeur d'un article de blog peuvent varier considérablement en fonction du sujet du blog et des attentes du public cible. Cependant, dans de nombreux cas, même un article de blog relativement court qui n'offre qu'une petite quantité d'informations peut suffire à garder les lecteurs intéressés. Cela peut être utile lorsque le blogueur ne peut pas fournir de messages détaillés, mais à long terme, les lecteurs de blog recherchent un certain niveau de vie et s'attendent probablement à ce que le blog soit mis à jour régulièrement avec de nouveaux messages. De plus, ils s'attendront à une certaine voix et qualité dans les articles de blog, donc les blogueurs faisant appel à des blogueurs invités devraient évaluer soigneusement les blogueurs invités pour s'assurer qu'ils sont en mesure de publier des blogs que le public appréciera.

Comprendre l'audience du blog

Les blogueurs qui réussissent doivent également être capables de comprendre le public du blog. Les blogs les plus réussis se concentrent sur un créneau assez unique qui attire un ensemble unique de visiteurs. En maintenant les informations publiées sur le blog relatives à ce créneau, le blogueur contribue à garantir que le public reste intéressé par le blog. Cependant, le sujet n'est pas le seul aspect important lié à la compréhension du public cible.

Les blogueurs devraient également avoir une bonne compréhension du type d'informations que les lecteurs de blogs recherchent et de la manière dont ils préfèrent que les informations leur soient fournies. Ceci est important car certains lecteurs de blog peuvent apprécier de longs morceaux, tandis que d'autres préfèrent les articles courts. D'autres visiteurs du blog peuvent préférer que les articles soient fournis sous forme de puces d'une manière facile à lire. Fournir des informations afin que les visiteurs puissent facilement traiter les informations est aussi important que de fournir des informations de qualité.

Évaluation des changements dans le blog

Enfin, tous les blogueurs qui réussissent savent comment modifier soigneusement leur blog et évaluer les effets de ces changements sur le trafic du blog. Ceci est essentiel car un blog qui a déjà du succès peut être voué à l'échec si le blogueur saisit une opportunité qui n'est pas appréciée par les visiteurs dévoués et ne répond pas aux préoccupations des lecteurs. Pour éviter ce problème potentiel, les blogueurs doivent veiller à ne faire qu'un seul changement à la fois et à prévoir suffisamment de temps pour évaluer l'effet du changement sur le trafic du site Web ainsi que les commentaires des lecteurs avant de décider de revenir en

arrière. modifier ou apporter des modifications supplémentaires.

De même, un blog cherchant à augmenter le trafic du site Web peut rencontrer des problèmes s'il apporte trop de changements et n'évalue pas comment ces changements affectent le trafic du blog. Une meilleure stratégie serait de faire de petits changements un par un et d'évaluer soigneusement l'effet du changement avant de faire plus de changements. Cela aidera le blogueur à créer un blog réussi.

 BLOGUEUR EXPERT

Gérer plusieurs blogs

Alors que certains blogueurs peuvent se concentrer exclusivement sur un blog à la fois, il existe de nombreux blogueurs qui parviennent à maintenir plusieurs blogs différents en même temps. Cependant, tous les blogueurs ne réussissent pas. Certains blogueurs compromettent la qualité du contenu et la quantité de contenu en essayant de garder trop de blogs, tandis que d'autres blogueurs ont la possibilité de maintenir plusieurs blogs à jour et intéressants pour les visiteurs. Il existe certains éléments clés pour maintenir plusieurs blogs à succès. Cet article abordera certains de ces éléments, notamment la conservation du contenu original, la mise à jour des blogs et la budgétisation du temps de travail sur chaque blog.

BLOGUEUR EXPERT

Conserver le contenu original

Les blogueurs qui gèrent plusieurs blogs doivent veiller à conserver le contenu de chaque blog original. Même si le blogueur gère plusieurs blogs liés, il est important de s'assurer que chacun de ces blogs a des articles de blog originaux. Cela aidera à empêcher les visiteurs du blog de sentir que les informations qu'ils reçoivent ne sont pas originales. Cela aidera également à empêcher les lecteurs qui visitent fréquemment un ou plusieurs blogs de blogueurs de décider de ne commencer à visiter qu'un seul des blogs car ils considèrent que les articles sont redondants.

Il est également conseillé aux blogueurs de ne pas voler les publications d'autres blogs similaires. Non seulement cela est illégal, mais il est également peu probable qu'il aide beaucoup le blogueur, car les lecteurs dévoués du blog original sont susceptibles de

réaliser que le nouveau blog vole simplement le contenu d'un blog plus performant.

Gardez chaque blog à jour

Il est également conseillé aux blogueurs qui gèrent plusieurs blogs de s'assurer que chaque blog est tenu à jour. Cela signifie qu'ils doivent veiller à publier régulièrement sur chaque blog. Cela aidera à éviter les problèmes que les visiteurs du blog estiment que les blogs stagnent. Même les blogs les plus intéressants et informatifs peuvent rapidement perdre du trafic si les visiteurs du blog ne voient pas régulièrement de nouveaux contenus. Internet est en constante évolution et mise à jour. En conséquence, les utilisateurs d'Internet peuvent se permettre d'être pointilleux et ne resteront probablement pas engagés dans un blog qui ne publie pas régulièrement de nouvelles informations, car ils sont susceptibles de trouver d'autres blogs disponibles qui

fournissent des mises à jour plus fréquemment.

Trouvez le temps de travailler sur chaque blog

Les blogueurs qui gèrent plusieurs blogs sont également confrontés au dilemme de trouver du temps pour travailler sur chaque blog. Cependant, cela est très important car les blogueurs ne peuvent pas se permettre de négliger un ou plusieurs de leurs blogs. Cela peut entraîner une diminution marquée du trafic du blog. Par conséquent, les blogueurs qui souhaitent maintenir plusieurs blogs doivent prévoir soigneusement leur temps pour s'assurer qu'ils passent suffisamment de temps sur chaque blog. Cet exercice de gestion du temps peut commencer par évaluer les besoins de chaque blog. Certains blogs peuvent nécessiter beaucoup de temps et d'efforts chaque semaine pour que le blog fonctionne correctement, tandis que d'autres blogs peuvent ne nécessiter qu'une petite quantité de temps pour le même objectif. En général, les blogs qui nécessitent beaucoup de recherches nécessiteront plus de temps et d'énergie de la part du blogueur que les blogs qui sont basés sur les opinions et les sentiments des blogueurs, et donc ne nécessitent pas autant de recherches. Une fois que le blogueur a déterminé combien de temps il faudra pour gérer chaque blog, il peut planifier son temps en conséquence. Cependant, vous devez prévoir d'évaluer dans quelle mesure chaque blog fonctionne et vous devrez peut- être ajuster le calendrier au besoin. En outre, vous devrez peut-être prendre la décision de supprimer un blog ou demander de l'aide pour maintenir les blogs à jour si nécessaire.

Surveillez le blog de votre enfant

Les blogs deviennent de plus en plus populaires et cette popularité ne concerne pas seulement les adultes. Les jeunes enfants s'intéressent également aux blogs. Avec l'avènement des sites de réseautage social comme MySpace, les blogs grandissent à pas de géant. Les internautes disposent désormais de diverses options pour les blogs et les blogs. De plus, la popularité croissante des blogs actuellement disponibles encourage l'intérêt pour les blogs avec d'autres internautes. Les enfants sont bombardés quotidiennement avec une variété de blogs disponibles en ligne et sont naturellement intéressés à créer leurs propres blogs. Dans la plupart des cas, les enfants créent des blogs pour des raisons sociales, mais il y a des enfants intelligents qui réalisent le potentiel de gain des blogs. Bien que les enfants puissent tirer de nombreux avantages des blogs, il existe également certains risques. Par conséquent, les parents doivent surveiller attentivement le blog de leurs enfants, ainsi que toute leur utilisation d'Internet. Cet article abordera le sujet de la surveillance du blog d'un enfant plus en détail.

Discutez des attentes du blog avec les enfants

La première étape que les parents devraient franchir lorsqu'un enfant souhaite bloguer est de discuter en profondeur des attentes avec l'enfant. L'enfant et ses parents devraient avoir une discussion ouverte et honnête sur l'utilisation responsable d'Internet. Ceci est important car ces conversations peuvent jeter les bases du comportement de l'enfant en ligne. Il existe certains dangers sur Internet, mais les parents qui comprennent ces dangers et communiquent avec leurs enfants pour partager ce danger potentiel, ainsi que

des informations sur la façon de rester en sécurité en ligne, sont susceptibles d'avoir des enfants qui restent en sécurité en ligne.

Lorsqu'un enfant envisage de créer un blog, le parent doit être impliqué dans le processus depuis le début. Le parent doit non seulement être conscient de l'intention de l'enfant de commencer à bloguer, mais doit également être conscient de la raison pour laquelle l'enfant souhaite bloguer et l'intention de bloguer. Ceci est important car il peut aider les parents à établir des directives de blogage appropriées. Par exemple, un enfant peut être intéressé par les médias sociaux via un blog, mais doit comprendre qu'il existe un risque de danger avec ce type de blog. Les parents doivent limiter le contenu du blog et doivent conseiller aux enfants d'éviter de révéler des informations personnelles telles que leur nom complet, leur adresse et leur numéro de téléphone sur le blog. Les autres informations qui peuvent être utilisées pour identifier et

localiser l'enfant doivent également être évitées.

Consultez régulièrement le blog de votre enfant

En plus de discuter des blogs avec l'enfant et de définir des règles de base pour le contenu du blog, les parents doivent également visiter régulièrement le blog pour s'assurer que les règles établies sont respectées. Les parents devraient consulter régulièrement les blogs de leurs enfants, mais ne devraient pas les informer quand ces examens auront lieu. Cela aidera à empêcher les enfants de modifier le blog en supprimant le matériel douteux pendant la révision et en remplaçant ce matériel une fois la révision terminée. Ceci est important car il serait assez simple pour l'enfant d'apporter des modifications rapidement simplement en enregistrant des fichiers et en les remplaçant par des articles de blog appropriés lors des révisions planifiées.

 BLOGUEUR EXPERT

Surveillez les blogs que votre enfant fréquente

Les parents devraient également envisager de surveiller régulièrement les blogs que leurs enfants fréquentent. Ceci est important car les informations que les enfants voient en ligne peuvent être nocives pour les enfants. Il est également important car la plupart des blogs offrent aux visiteurs la possibilité de communiquer avec le blogueur. Dans la plupart des cas, cette communication prend la forme de commentaires laissés au blogueur et le blogueur peut choisir de répondre à ces commentaires. Dans certains cas, le visiteur peut même avoir la possibilité de fournir au blogueur des informations de contact personnelles. Les parents qui restent au courant des blogs que leurs enfants visitent peuvent examiner attentivement ces blogs pour s'assurer que leurs enfants ne se comportent pas mal en ligne et ne risquent pas accidentellement leurs actions.

Optimiser votre blog pour les moteurs de recherche

Les blogueurs qui s'intéressent à beaucoup de trafic vers votre blog et qui maintiennent un blog réussi devraient accorder une attention particulière aux techniques d'optimisation des moteurs de recherche qui peuvent aider à améliorer le classement des moteurs de recherche de leurs blogs. Tous les moteurs de recherche utilisent une sorte d'algorithme de classement qui est utilisé pour déterminer l'ordre dans lequel les sites Web sont renvoyés lorsqu'un internaute recherche des informations sur un sujet particulier. Cependant, tous les moteurs de recherche n'utilisent pas le même algorithme à cet effet. En conséquence, il n'y a pas de solution simple pour optimiser un blog pour des classements élevés sur tous les moteurs de recherche. Cependant, il existe quelques

conseils qui peuvent être utiles avec la plupart des moteurs de recherche. Ces conseils incluent l'utilisation de mots clés pertinents, la génération de liens vers vos blogs et l'utilisation de balises d'image de manière bénéfique.

L'importance des mots clés

L'utilisation de mots clés pertinents dans les articles de blog est l'un des moyens les plus courants et l'un des moyens les plus simples d'optimiser le classement des moteurs de recherche. Cependant, tous les blogueurs ne s'entendent pas sur les meilleures façons d'utiliser des mots clés pertinents pour optimiser le classement des moteurs de recherche. Certains blogueurs pensent que les mots clés devraient être utilisés souvent pour créer des densités de mots clés élevées, tandis que d'autres estiment que l'utilisation de mots clés à des densités plus faibles de 1% à 3% et de prêter attention au placement des mots clés est la stratégie la plus précieuse.

BLOGUEUR EXPERT

D'autres blogueurs soutiennent que le simple fait d'utiliser des mots clés pertinents, tels qu'ils apparaissent naturellement dans le flux des articles de blog, suffit pour garantir que les moteurs de recherche comprennent le contenu du blog.

Quelle que soit la stratégie de mots clés, un blogueur choisit d'employer tous les blogueurs peuvent bénéficier de la recherche de mots clés pertinents. Ils peuvent avoir un blog qui fait référence à un sujet général, comme le jardinage, mais ils ne connaissent pas les termes de recherche que les internautes utilisent souvent lorsqu'ils recherchent ce sujet. Heureusement, il existe de nombreux programmes qui génèrent des mots clés associés à un moment donné, donnant au blogueur d'autres mots clés qu'ils devraient envisager d'incorporer dans le blog. Pour l'exemple d'un blog sur le jardinage, le blogueur peut utiliser des mots clés supplémentaires comme le jardinage en conteneur ou le jardinage à domicile pour

attirer plus d'intérêt des utilisateurs des moteurs de recherche.

Génération de liens arrière favorables

Les backlinks sont également un autre facteur commun utilisé dans les algorithmes de classement des moteurs de recherche. De nombreux moteurs de recherche tiennent compte de la quantité de liens qui pointent vers un site Web, ainsi que de la qualité des sites Web qui fournissent ces liens. Cela signifie que les classements des moteurs de recherche de sites Web qui pointent vers votre blog peuvent influencer le poids que le backlink contribue à vos propres classements. En effet, certains moteurs de recherche considèrent que les sites Web de rang supérieur ont plus de valeur que d'autres sites Web qui ne se classent pas bien et récompensent donc favorablement les sites Web qui reçoivent des liens de ces sites Web de haut rang. classification.

Certains algorithmes des moteurs de recherche considèrent également si les backlinks sont réciproques ou non réciproques. Dans ces cas, les liens non réciproques sont généralement considérés comme plus précieux que les liens réciproques. De plus, les backlinks provenant d'échanges de liens ou de fermes de liens ne sont généralement pas considérés comme très influents dans les classements des moteurs de recherche.

Comment les images peuvent améliorer le classement des moteurs de recherche

Les blogueurs doivent également savoir que toute image utilisée sur leur blog peut être utilisée pour améliorer le classement des moteurs de recherche avec certains moteurs de recherche. Cet aspect de l'optimisation des moteurs de recherche est souvent ignoré car de nombreux blogueurs pensent que les images ne sont pas vues par les moteurs de recherche. Bien que cela soit vrai, les moteurs

de recherche analysent le code du blog en plus du contenu du blog. Cela signifie que le moteur de recherche verra les informations fournies dans les balises d'image. Les blogueurs peuvent en profiter en utilisant des balises d'image pour fournir des mots clés pertinents qui peuvent améliorer le classement des moteurs de recherche. Cependant, il faut veiller à ce que les mots clés utilisés dans ces balises décrivent également correctement l'image, car les visiteurs du blog verront souvent le texte inclus dans ces balises lorsqu'ils survolent une image du blog.

Passer une commande lors de vos achats en ligne

Les acheteurs en ligne ont une variété d'options disponibles pour passer une commande. Les achats en ligne sont déjà très pratiques pour un certain nombre de raisons, notamment la commodité et la possibilité d'acheter des articles auprès de détaillants du monde entier. La possibilité de commander de différentes manières rend les achats en ligne plus souhaitables pour certains consommateurs. Cet article abordera certaines des options disponibles pour passer une commande lors de vos achats en ligne, notamment en utilisant le site Web pour passer la commande, en appelant le service client pour passer la commande et en envoyant un fax ou un courrier.

 BLOGUEUR EXPERT

Passer des commandes via le site Web

L'une des options les plus populaires pour commander lors de vos achats en ligne est de commander directement via le site Web du détaillant en ligne. Dans la plupart des cas, les détaillants en ligne offrent la possibilité d'ajouter des articles à un panier virtuel tout en parcourant les articles disponibles proposés à la vente. Une fois que le consommateur a terminé ses achats, il peut consulter le contenu de son panier et ajouter, soustraire ou modifier le contenu du panier si nécessaire avant de poursuivre le processus de paiement de l'expérience de magasinage en ligne. Au cours du processus de paiement, le consommateur fournit des informations telles que les informations de carte de crédit et l'adresse de facturation, ainsi que l'adresse à laquelle il souhaite expédier les articles. L'acheteur en ligne peut choisir de renvoyer l'article à d'autres. Bien que les achats en ligne soient généralement considérés comme sûrs, les consommateurs doivent vérifier que le site Web est géré par un serveur sécurisé qui protégera les informations confidentielles. Une façon de le faire est de regarder l'adresse du site Web. Les sites Web sécurisés commencent par https: // tandis que les sites Web non sécurisés commencent par http: //.

Appeler le service client pour passer une commande

Les acheteurs en ligne peuvent rechercher des articles en ligne, mais peuvent décider de les acheter en appelant un représentant du service clientèle au lieu de commander en ligne. Les clients peuvent choisir cette option pour plusieurs raisons différentes. Il est possible que certains détaillants en ligne ne sont pas une option pour compléter l'achat en ligne ou que ces fonctionnalités peuvent ne pas fonctionner correctement et dans ces cas , l'acheteur sera probablement commande par téléphone. Cependant, il existe des situations où un consommateur peut choisir d'appeler le service client sur commande, même lorsqu'il est possible de le faire en ligne. Cela peut inclure des situations où la commande est particulièrement complexe ou des situations où le consommateur a des questions auxquelles il souhaite répondre avant de passer une commande. Les acheteurs en ligne effectuant un achat de cette manière doivent disposer de toutes les informations nécessaires avant de contacter le service client. Ces informations comprennent le numéro de produit, les informations de facturation et les informations d'expédition.

Livraison par fax ou courrier

Les acheteurs en ligne peuvent également commander par fax ou par courrier au détaillant en ligne. Le consommateur peut rechercher des articles en ligne et même imprimer le bon de commande à partir du site Web du détaillant en ligne. Bien que ce ne soit pas la méthode d'achat en ligne la plus courante, certains consommateurs

utilisent toujours cette méthode. Un exemple d'utilisation de cette méthode est la possibilité de payer une commande avec un chèque plutôt qu'avec une carte de crédit. Une carte de crédit peut être requise pour les commandes passées en ligne ou auprès d'un représentant du service client. Les clients qui faxent ou envoient un bon de commande peuvent avoir la possibilité d'utiliser une carte de crédit pour payer la commande, mais peuvent également avoir la possibilité d'utiliser un chèque. Ceci est idéal pour les acheteurs en ligne qui n'ont pas de carte de crédit ou qui ne souhaitent pas charger d'articles sur une carte de crédit. Bien qu'il existe certains avantages à cette méthode de commande auprès d'un détaillant en ligne, cette méthode présente un inconvénient majeur. Cet inconvénient est que la commande peut prendre plus de temps à traiter qu'avec d'autres méthodes. Lorsqu'un client passe une commande via un site Web ou par téléphone, la commande est généralement traitée instantanément. Cependant, lorsque le consommateur soumet

le bon de commande, cela peut prendre quelques jours pour arriver, et peut nécessiter un délai de traitement supplémentaire. Même les commandes télécopiées peuvent ne pas être traitées immédiatement, malgré leur arrivée rapide.

Produits pour faciliter les blogs

Il existe une variété de produits qui peuvent simplifier le processus de blogs. Bien que les blogs ne soient pas un processus difficile, certains aspects des blogs peuvent être écrasants pour les nouveaux blogueurs ou les blogueurs qui n'ont pas beaucoup d'expérience sur Internet. Ces produits peuvent être très bénéfiques pour le blogueur en simplifiant le processus de conception ou en aidant à rendre le blog plus attrayant pour les lecteurs du blog. Cet article abordera certains des produits actuellement disponibles pour faciliter les blogs, y compris les logiciels de blogs, les logiciels de conception de sites Web et les générateurs de mots clés.

Logiciels de blogs

Les logiciels de blogs sont parmi les programmes les plus évidents que les blogs facilitent. Ces programmes sont facilement disponibles et beaucoup d'entre eux sont gratuits. Les logiciels de blogs peuvent simplifier considérablement le processus de blogs, surtout si le blogueur utilise les modèles inclus dans ces programmes. Dans certains cas, l'acte de bloguer une fois le blog créé peut être aussi simple que de taper le texte du blog dans un éditeur de texte et d'appuyer sur un bouton pour bloguer. Cependant, il faudra un certain travail à l'avance de la part du blogueur pour configurer la mise en page du blog.

Même le processus de conception est grandement simplifié avec ces programmes, surtout si le blogueur choisit d'utiliser les modèles dans le programme. Le blogueur devra peut-être simplement parcourir une liste d'options et sélectionner celles qui les intéressent le plus. Sur la base de ces sélections, le logiciel générera le blog avec le design, les couleurs, les polices et même les options publicitaires appropriés. Les blogueurs plus ambitieux peuvent choisir d'utiliser leurs compétences en programmation pour personnaliser ces modèles, mais ce n'est pas nécessaire et le blog fonctionnera assez bien sans aucune personnalisation supplémentaire.

Logiciel de conception de sites Web

Le logiciel de conception de sites Web peut également être un outil utile pour les nouveaux blogueurs qui souhaitent créer un blog esthétique et fonctionnel. Ces logiciels permettent aux blogueurs sans arrière-plan de conception de créer un blog avec une apparence unique. À l'aide de ce type de logiciel, le blogueur peut faire défiler les options, apporter des modifications à la volée, prévisualiser les modifications et même télécharger des photos à utiliser sur le

blog. Comme ces modifications sont apportées dans le programme de conception logicielle, le code de ces options de conception est automatiquement généré, mis à jour et stocké selon les besoins.

Générateurs de mots clés

Les blogueurs qui tentent de générer une grande quantité de trafic Web vers un site Web devraient également envisager d'utiliser le générateur de mots clés pour les aider à déterminer les mots clés à utiliser sur leur blog. Le blogueur peut souhaiter que le blog soit engageant et informatif en priorité, mais une utilisation judicieuse des mots clés dans le blog et dans le code du blog peut contribuer à un meilleur classement des moteurs de recherche pour le blog. Ceci est important car les classements élevés des moteurs de recherche se traduisent souvent par un trafic de blog élevé. En effet, les internautes s'appuient fortement sur les moteurs de recherche pour les aider à trouver

les meilleurs sites Web relatifs à certains mots clés utilisés lors des recherches. Ces classements élevés des moteurs de recherche agissent essentiellement comme de la publicité gratuite pour le propriétaire du blog, car les internautes s'attendent à ce que les sites Web les mieux classés soient les sites Web les plus informatifs, ils sont donc susceptibles de visiter les blogs qui se classent bien. avec des moteurs de recherche au lieu de blogs qui sont ensuite enfouis dans les pages de résultats de recherche.

Promouvoir votre blog

Les blogs peuvent être très amusants pour certains blogueurs, mais pour d'autres, c'est une source de revenus. Que ces revenus soient générés par le biais d'une campagne AdSense, d'annonces payantes, de marketing d'affiliation ou d'un autre type de source de revenus, l'un des éléments clés pour maximiser cet avantage est de générer un trafic de blog accru. En effet, plus le blog reçoit de visiteurs, plus il y a d'occasions pour le blogueur de faire cliquer les visiteurs sur les annonces du blog. Il existe des techniques de base auxquelles les blogueurs peuvent faire confiance pour promouvoir leur blog et augmenter le trafic vers leur blog. Cet article couvrira certains de ces concepts clés, notamment la participation à des babillards électroniques pertinents, l'optimisation du blog pour les moteurs de

124

recherche et le maintien du blog intéressant pour les visiteurs.

Participation active aux babillards électroniques

Participer à des babillards électroniques liés au sujet du blog est en fait un moyen très simple pour les propriétaires de blog de générer du trafic vers votre blog. Cependant, une mise en garde à l'utilisation de ce type de promotion de blog est d'éviter de violer les règles du babillard électronique. Ceci est important car certains babillards électroniques ont des réglementations strictes concernant l'inclusion de liens vers d'autres sites Web dans le babillard électronique. Le non-respect de ces directives peut entraîner le renvoi du blogueur du babillard électronique et peut également amener les autres utilisateurs du babillard électronique à ne pas apprécier le propriétaire du blog.

Une autre considération prudente pour le propriétaire du blog est d'éviter de publier l'adresse Web sur votre blog d'une manière qui est considérée comme du spam par les autres utilisateurs du forum. Ceci est important car il est peu probable que d'autres utilisateurs du babillard électronique visitent le blog s'ils croient que le propriétaire du blog spamme simplement le babillard électronique. Cela peut être évité en incluant le lien vers le blog dans la signature et en veillant à ce que les messages publiés sur le babillard soient informatifs et d'intérêt pour les autres utilisateurs du babillard. Construire une réputation de contributeur utile au babillard électronique sera bénéfique pour attirer d'autres utilisateurs du babillard électronique sur le blog.

Optimiser votre blog

L'optimisation des moteurs de recherche est un autre facteur que les propriétaires de blogs doivent également considérer attentivement. L'optimisation des blogs pour les moteurs de recherche peut être bénéfique, car l'amélioration du classement des moteurs de recherche entraîne souvent une augmentation du trafic sur les blogs. Selon la quantité de concurrence sur le sujet du blog, grimper au sommet du classement des moteurs de recherche n'est pas toujours facile. Les propriétaires de blog qui ont un blog de sujet très populaire peuvent faire face à une forte concurrence pour les classements des moteurs de recherche d'autres blogs et sites Web qui peuvent avoir les moyens d'embaucher des professionnels du secteur de l'optimisation des moteurs de recherche pour les aider à atteindre des classements élevés. Cependant, le blogueur peut prendre quelques mesures pour augmenter le classement. Certaines de ces étapes incluent la recherche et l'utilisation de mots clés pertinents naturellement dans les articles de blog, l'incorporation de ces mots clés dans le titre, les META et les balises d'image, et en évitant les techniques d'optimisation du chapeau noir qui pourraient en résulter en ce

que le blog est pénalisé par les moteurs de recherche.

Gardez votre blog intéressant

Enfin, l'un des moyens les plus simples qu'un propriétaire de blog peut aider à générer du trafic vers son blog est de le mettre à jour régulièrement et de le garder intéressant. Ceci est important car un blog intéressant est beaucoup plus susceptible non seulement de maintenir le trafic du blog mais également de générer du nouveau trafic. En effet, il est probable que les lecteurs intéressés par les publications sur le blog les incitent à revenir sur le blog, mais le recommandent également à d'autres membres du public cible. Ce type de publicité de bouche à oreille peut être très bénéfique car ceux qui sont intéressés par le contenu d'un blog particulier ont également généralement des amis qui seraient également intéressés par le blog. Une fois qu'un propriétaire de blog recommande un blog à un ou plusieurs amis, ces nouveaux

BLOGUEUR EXPERT

visiteurs de blog sont susceptibles de le recommander à d'autres également s'ils le trouvent intéressant, utile ou autrement utile.

Conseils pour garder votre blog à jour

Garder un blog à jour est l'un des aspects les plus importants du blogging. Ceci est très important car les visiteurs réguliers du blog attendent régulièrement de nouveaux articles. Tous les visiteurs ne s'attendent pas à voir un nouveau message aussi souvent qu'une fois par jour, mais la plupart des lecteurs de blog s'attendent à ce que le contenu du blog soit mis à jour régulièrement. Dans la plupart des cas, les visiteurs attendent un nouveau contenu au moins une fois par semaine. Cependant, selon le sujet, les visiteurs peuvent s'attendre à des mises à jour plus fréquentes. De la même manière, les visiteurs peuvent ne pas être intéressés à recevoir ce type d'informations plus de quelques fois par an. Les propriétaires de blogs doivent être conscients de la fréquence à laquelle les lecteurs attendent de nouveaux messages et doivent s'efforcer de contraindre les lecteurs à mettre à jour si souvent. Cet article abordera les méthodes de mise à jour d'un blog, y compris la planification des heures de blogging régulières, l'utilisation intelligente des outils de blogging et l'embauche de blogueurs invités en cas de besoin.

Trouver du temps pour publier quotidiennement

Une façon de s'assurer qu'un blog reste à jour consiste à planifier une heure pour bloguer quotidiennement. Ceci est particulièrement important lorsque les lecteurs de blog s'attendent à de nouveaux articles quotidiennement ou au moins plusieurs fois par semaine. Les blogueurs qui consacrent chaque jour un bloc de temps spécifique à la recherche, à la rédaction et à la publication de blogs sont plus susceptibles d'avoir un blog mis à jour que les blogueurs qui prévoient d'effectuer des tâches lorsqu'ils trouvent le temps de le faire. Il peut y avoir des jours où le blogueur ne peut pas publier un nouveau billet de blog, mais ces jours seront moins fréquents que si le blogueur n'a pas de bloc de temps strictement dédié pour maintenir le blog à jour.

Les jours où le blog ne peut pas passer du temps à bloguer, le blogueur peut vouloir au moins publier un court message expliquant pourquoi il n'a pas été possible de publier un nouveau blog. Cela permettra aux lecteurs de savoir que vous êtes conscient de votre désir de lire plus d'informations, mais vous ne pouvez tout simplement pas publier un nouveau billet de blog. Tant que cela ne devient pas monnaie courante, les visiteurs du blog sont peu susceptibles d' arrêter de consulter un blog simplement parce que le blogueur saute un jour ou deux.

 BLOGUEUR EXPERT

Tirer parti des outils de publication

Certains outils de publication de blog permettent aux blogueurs d'écrire des articles de blog à l'avance et de spécifier quand chaque article doit être publié. Il s'agit d'une excellente fonctionnalité pour les blogueurs qui souhaitent publier de nouveaux articles quotidiennement mais qui ne peuvent pas passer du temps chaque jour à rédiger des articles de blog. De cette façon, le blogueur peut passer un bloc de temps chaque semaine pour écrire des articles de blog et les publier tout au long de la semaine. C'est souvent une méthode plus facile pour de nombreux blogueurs car ils peuvent être plus efficaces de cette façon.

Embauche de blogueurs invités

Les blogueurs peuvent également envisager d'engager des blogueurs invités pour les aider à tenir un blog à jour. Cela peut être une méthode précieuse pour les blogueurs qui ont non seulement des difficultés à tenir leur blog à jour, mais qui souhaitent également offrir aux lecteurs un peu de variété. Cependant, les propriétaires de blog qui choisissent ce message pour maintenir leur blog à jour devraient soigneusement réfléchir à la façon dont les lecteurs dévoués réagiront à ce changement. Ceci est important car certains lecteurs peuvent ne pas être intéressés par la lecture de blogs écrits par un blogueur invité. Par conséquent, l'utilisation d'un blogueur invité peut être plus dommageable pour le blog que de ne pas le mettre à jour régulièrement. Les blogueurs peuvent mesurer la réaction des lecteurs à l'utilisation de blogueurs invités de deux manières différentes. La méthode la plus simple et la plus directe consiste à interroger les lecteurs sur l'utilisation des blogueurs invités. Cela peut être fait en demandant aux lecteurs de commenter le sujet et en tabulant les commentaires reçus. Une autre méthode pour mesurer la réaction du lecteur consiste à introduire un blogueur

BLOGUEUR EXPERT

invité et à comparer le trafic reçu par le blogueur invité avec le trafic reçu par le propriétaire du blog.

BLOGUEUR EXPERT

Utilisation de blogueurs invités

Les propriétaires d'un blog à succès qui a un large public peuvent parfois avoir besoin d'utiliser des blogueurs invités. Un exemple de cas où cette pratique peut être une bonne idée est lorsque le propriétaire d'un blog populaire ne sera pas disponible pour publier de nouveaux articles de blog pendant une période prolongée. Dans ce cas, le manque de mises à jour du blog peut entraîner une perte de trafic sur le blog.Il serait donc judicieux que le propriétaire du blog organise un blogueur invité ou une série de blogueurs invités pour publier de nouveaux articles pendant leur absence. Le blogueur peut également annoncer son intention d'utiliser des blogueurs invités pendant cette période pour s'assurer que les fidèles visiteurs du blog sont au courant de la situation et qu'elle

n'est que temporaire. Cet article traite des aspects de l'utilisation des blogueurs invités, tels que la publicité pour les blogueurs invités, la sélection des blogueurs invités et la rémunération des blogueurs invités.

Publicité pour les blogueurs invités

Il existe plusieurs endroits où un propriétaire de blog peut faire de la publicité pour des blogueurs invités. Les sites d'emplois spécifiquement destinés aux blogueurs ou aux rédacteurs indépendants sont une excellente option pour trouver des blogueurs invités. Les sites d'emploi de blogueurs sont fréquemment visités par des blogueurs chevronnés à la recherche de nouvelles opportunités de blogs pour une compensation. Ces blogueurs peuvent avoir une expérience de blogging spécifique ou simplement être aptes à créer des blogs intéressants sur une variété de sujets. Les tableaux d'affichage des rédacteurs indépendants sont une autre excellente option. Ces écrivains n'ont pas nécessairement une expérience de blogueur, mais ils peuvent avoir une autre expérience d'écriture utile. Les propriétaires de blogs devraient envisager de publier un message détaillé spécifiant le type de travail requis et la durée du projet, et en demandant des clips aux écrivains qui peuvent être utilisés pour vérifier le niveau de compétence de l'écrivain.

Les propriétaires de blogs peuvent également vouloir faire de la publicité pour des blogueurs invités sur des babillards électroniques liés au sujet du blog. Les visiteurs de ce blog n'ont pas nécessairement une expérience d'écriture, mais ils sont susceptibles d'être assez bien informés sur le sujet du blog et donc capables de produire des blogs perspicaces et intéressants.

BLOGUEUR EXPERT

Sélection de blogueurs invités

La sélection d'un blogueur invité doit être effectuée avec soin pour s'assurer que le blogueur invité est digne de confiance et capable de produire des articles de blog articulés, informatifs et engageants. Les propriétaires de blogs qui font de la publicité pour un blogueur invité sur les sites d'emploi pour les blogueurs et les écrivains indépendants doivent demander des clips qui démontrent la capacité de l'écrivain à écrire des blogs intéressants et informatifs. Lors de la publication sur un babillard électronique d'un blogueur invité, le propriétaire du blog peut envisager d'utiliser les messages précédents du demandeur pour évaluer ses compétences en rédaction et sa connaissance du sujet. Vous devez également considérer le type de réponse que les messages affichés sur le babillard du demandeur obtiennent généralement. Ceci est important car c'est une bonne indication du type de réponse que les blogs vont générer. Les propriétaires de blogs doivent également demander des références aux candidats et doivent contacter ces références pour obtenir des informations sur l'éthique du travail et la capacité des blogueurs à réaliser des projets.

Compensation pour les blogueurs invités

Les propriétaires de blogs doivent également examiner attentivement comment ils ont l'intention de rémunérer les blogueurs invités. Cela peut se faire sous forme de compensation financière ou en permettant au blogueur invité de publier une courte biographie avec un lien vers votre site Web ou votre blog personnel à la fin de l'article de blog. La dernière forme de compensation est essentiellement un espace publicitaire gratuit pour le blogueur invité. Le propriétaire du blog peut également vouloir indemniser le blogueur invité avec une combinaison d'argent et d'espace publicitaire gratuit. Quelle que soit la méthode d'indemnisation

choisie, le propriétaire du blog doit en discuter avec le blogueur invité avant de commencer à travailler et doit signer un contrat écrit avec le blogueur invité qui définit explicitement les modalités d'indemnisation pour éviter les litiges.

Quand les autres n'approuvent pas votre blog

Quel que soit le sujet d'un blog, tous les blogueurs sont confrontés au potentiel de situations où d'autres n'approuvent pas leur blog. Bien que ce type de réaction soit populaire auprès des blogs controversés ou politiques, les blogueurs qui tiennent un blog personnel peuvent également être désapprouvés par ceux qui n'approuvent pas les choix des blogueurs dans la vie. Cet article abordera des sujets tels que le traitement des commentaires négatifs sur un blog, les critiques des amis et de la famille, et abordera les situations où les blogs peuvent causer des problèmes juridiques au blogueur.

 BLOGUEUR EXPERT

Faire face aux commentaires négatifs sur votre blog

Les commentaires négatifs publiés sur un blog sont l'une des formes de désapprobation les plus courantes qu'un blog peut recevoir. Ces commentaires peuvent être publiés en réponse à un article de blog spécifique, ou peuvent être affichés comme une objection au blog en général. Ces commentaires négatifs peuvent être très préoccupants pour le blogueur, mais heureusement, il existe des méthodes pour gérer ces commentaires.

Les blogueurs qui craignent que les commentaires négatifs puissent influencer les autres lecteurs du blog ont certaines options pour traiter ces commentaires négatifs. Une façon de procéder consiste à configurer le blog pour qu'il n'autorise pas les commentaires. Cela supprimera efficacement les commentaires, mais supprimera également les commentaires des supporters du blog. Une autre option pour un blogueur

est de simplement supprimer les commentaires négatifs lorsqu'ils les rencontrent. Ce n'est pas une méthode très efficace car d'autres lecteurs peuvent avoir le temps de lire les commentaires avant de les supprimer. Les blogueurs qui sont souvent en ligne et ne sont pas concernés par les commentaires négatifs qui apparaissent sur le blog pendant une courte période peuvent utiliser cette méthode. Une autre méthode pour traiter les commentaires négatifs consiste à réfuter ces commentaires sur le blog. Enfin, les blogueurs ont souvent la possibilité d'interdire les commentaires négatifs des futurs commentaires.

Gérer les critiques des amis et de la famille

Les blogueurs peuvent également être critiqués par leurs amis et leur famille pour le contenu de leurs blogs. Les amis et la famille ne peuvent pas utiliser la section des commentaires pour exprimer leur désapprobation, mais ils peuvent exprimer leurs préoccupations directement au blogueur en personne, par téléphone ou par e-mail. Cela peut être une situation difficile pour les blogueurs car ils peuvent être déchirés entre garder le blog selon leur vision et garder les amis et la famille heureux. Dans de nombreux cas, les amis et les membres de la famille peuvent s'opposer à un blog parce qu'ils pensent qu'il peut être potentiellement nocif pour le blogueur ou parce qu'ils sont préoccupés par la façon dont le blog va réfléchir sur eux. Dans ces situations délicates, le blogueur a la possibilité de supprimer ou de modifier le blog ou de parler à des amis et à sa famille pour expliquer leurs sentiments sans apporter de modifications au blog.

Quand les blogs peuvent causer des problèmes juridiques

Les blogueurs doivent savoir qu'il existe des situations où votre blog peut provoquer des problèmes juridiques. Faire des déclarations sur une autre personne qui sont fausses et diffamatoires peut amener le sujet du blog à demander des représailles pour diffamation. D'autres articles de blog peuvent également être jugés illégaux pour de nombreuses autres raisons. Les blogueurs peuvent supposer que les lois sur la liberté d'expression les protègent pleinement, mais il peut y avoir des situations où les blogs ne sont pas protégés par les lois sur la liberté d'expression et le blogueur fait face à des ramifications légales pour ses publications. Les blogs qui violent les lois sur le droit d'auteur de quelqu'un d'autre peuvent également entraîner des problèmes juridiques.

Réussissez votre entreprise! Devenez un BLOGUEUR EXPERT !!!!!

 BLOGUEUR EXPERT

Visitez notre site web! Obtenez d'autres livres de MENTES LIBRES!

https://www.amazon.fr/MENTES-LIBRES/e/B08274DDV4?ref_=dbs_p_ebk_r00_abau_000000

Si vous le souhaitez, vous pouvez laisser votre commentaire sur ce livre en cliquant sur le lien suivant afin que nous puissions continuer à nous développer! Merci beaucoup pour votre achat!

https://www.amazon.fr/dp/B0898XPJSW

www.ingramcontent.com/pod-product-compliance
Lightning Source LLC
La Vergne TN
LVHW051243050326
832903LV00028B/2548